マンボート進水式　撮影＝櫻井泰士朗

暗闇で光る! 蓄光まんこちゃんソフビ　製作＝サンガッツ本舗

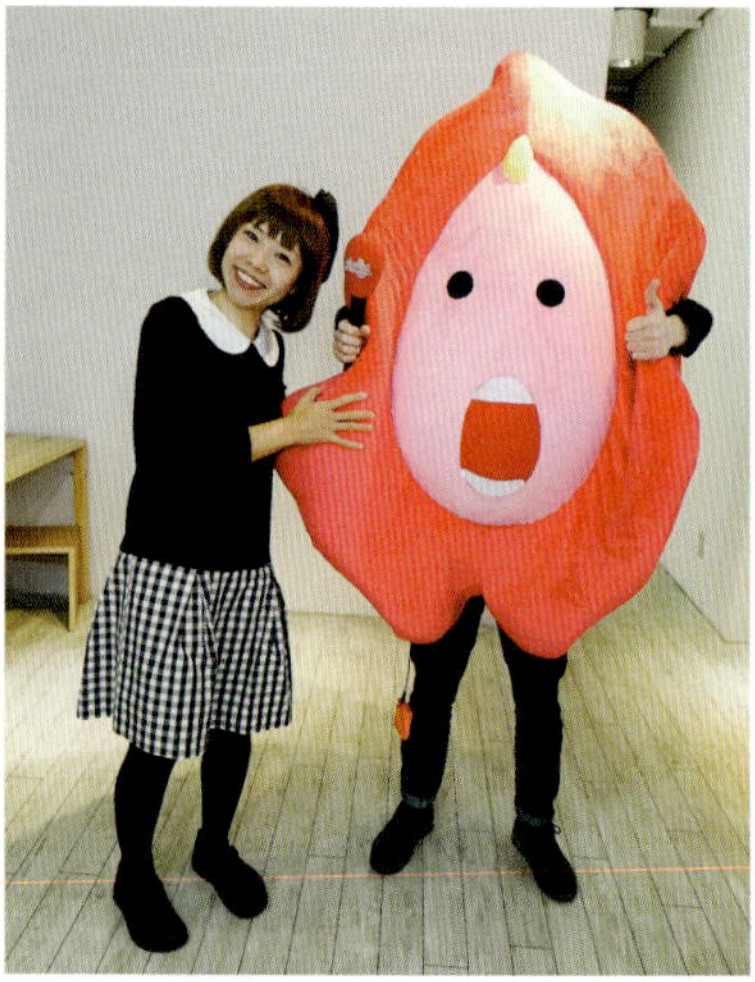

まんこちゃん着ぐるみ

まんこちゃん空気人形

製作＝定岡デザイン研究所

お問い合わせ先

新宿眼科画廊　東京都新宿区新宿5-18-11　03-5285-8822　info@gankagarou.com　www.gankagarou.com/

私の体がワイセツ?!

女のそこだけなぜタブー

ろくでなし子

筑摩書房

まえがき

この本を手にされた方は、少しびっくりするかもしれません。

普段、絶対に口にしてはならず、文字にする場合は必ず黒丸伏せ字にされ、それをテレビで発言したタレントは降板される、あの3文字があふれ返っているからです。

「まんこ」（ま・ん・こ、と間に点を入れて噛み締めるように読んでみてください）

たかがこの3文字で、日本人は皆大慌て。これを表に晒すことはとんでもないことで、罪とされています。

でも、まんこは人間の女性なら誰でも持っている体の一部。

なのにどうして日本人は毛嫌いしたり、無視したりするの？　もしくは、必要以上にあがめたてまつるの？　いやがる人は、そのいやなまんこから生まれてきたのに、何を言っているの⁇

そんな疑問からわたしはまんこのアートを作りました。作れば作るほど、おじさんたちに怒られるので、わたしはムキになってもっとすごいまんこ作品を作ってやろうと奮闘しました。

まんこの型をキラキラにデコったデコまん。
まんこの型にジオラマを載せたジオラまん。
ラジコンと合体させて走るまんこ。
手をかざすと水がふきでるまんこ。
暗闇でビカビカ光るまんこの照明器具
iPhone カバー型のまんこ。
海を渡るまんこ型のマンボート。

それらは頭のかたいおじさんたちをますます怒らせましたが、たのしい！　バカバカしい！　アホや！　と大笑いしてくれる人たちも増えてゆきました。
それなのに、どういうわけか、わたしは警察に2回も逮捕されてしまいました。わたしの作品が、みだりに人の性欲を刺激するワイセツ物で、犯罪だ！　というのです。
こんなの絶対おかしい。自分が悪いことをしているとは思っていないわたしは闘うことにしました。

わたしのまんこ事件を取材してくれる記者の方も、わたしがまんこをれんこするので最初はびっくりされます。

でも、取材が終わる1時間後にはすっかり慣れ、

「〝まんこ〟と言えるようになりました！」

とニコニコしながら帰ってゆきます。皆ただその3文字になじめていないだけなのです。

ここでもう一度声に出して読んでみましょう。

ま・ん・こ！　はい、ま・ん・こ！　あ、そーれ、ま・ん・こ！　もいっちょ、ま・ん・こ！

ほら、だいぶ慣れたでしょ？　全然たいしたことないでしょ？　むしろまんこごときに怯えてるのがバカバカしくなりませんか。

いやちょっとまだ難しい、という人も、この本を読み終わった頃にはまんこがどうでもよくなっているはず。

わたしはそんなふうに、まんこを異常で特別な物とせず、人間にとって当たり前の物であり、当たり前だから大事にしようよ、と言いたい。そして、こんなことで個人の自由を奪い、表現活

動を侵害する国家権力を笑い飛ばしていきたいです。

２０１４年12月24日、わたしは起訴されました。この本が出版される頃には、わたしの裁判がはじまっているでしょう。

この本を手にされたあなたにもぜひ、裁判傍聴という形でわたしの闘いを見守ってほしいです。

第2部では、わたしのろくでもない半生とまんこアート活動の話が入っています。あなたがこの本を手に取ったのがこの裁判のあとだとしても、いったいこの事件とはなんだったのか、あなたにとって、まんことは何かを考えるきっかけとなれば嬉しいです。

裁判の日程はわたしのブログ（http://6d745.com/）やTwitter（@6d745）で告知いたしますので、どうぞよろしくお願いいたしまんこ！

２０１５年3月

ろくでなし子

目次

第2部　わたしのマン生（半生）

装丁　秋吉あきら
イラスト　著者

第1部

事件のチン相

（真相）

第1章 〝犯罪者〟になったわたし

1 奴らは突然やってきた！

それは２０１４年、爽やかな7月の土曜の朝。遅めの朝食を済ませたわたしは夕方に友達と会う予定時間までのんびり過ごすつもりでした。前日に腹の調子が悪かったけど、一晩寝てすっかり良くなったし、今夜友達と行くペルー料理も予定通り楽しめそう。そうだ、きのうそのまま寝てしまったからシャワーを浴びなくちゃ……。

時計が10時半を指した頃、いつもと同じ日常シーンは、突然鳴った玄関チャイムを合図に破壊されました。

「警察だけど、今からあなたの家の中をガサ入れするから！」

これが令状だと言いそれらしき紙を見せられ、警察と名乗るおじさんたちが10人くらい（その内の1人はおばさん)、わたしとわたしの同居人の住むマンションにズカズカ入りこんできました。わたしは自分が警察に捕まるような悪いことをした覚えはないので、素朴に疑問でした。

(この人たちはいったい何しに来たんだ？　何かを調べたいのだろうけど、それにしては威圧的じゃね……？)

おじさんたちは、わたしのパソコンを勝手に開き、データを警察のパソコンに移動する作業をしています。それが済むと、今度は戸棚に置いてあるわたしの作った作品を嬉々として振りかざし、わたしに確認を求めてきました。

「これは、五十嵐さん(私の本名)の……アソコですか？」

「はい、わたしのまんこです」

わたしは丁寧に答えました。

「これも、そうですか？」

「はい、わたしのまんこです」

「こっちのiPhoneカバーみたいなのは？」

わたしは作品名を聞かれているのだと思い、正式名称を伝えました。

「それはiPhoneカバーじゃありません。〝iPhoneが入らないiPhoneカバーまん〟です」

こっ、これは五十嵐さんのアソコですか？
はい、わたしのまんこです
6d745. 2015. 3

2　あの3文字を言えない人たち

ところが、わたしが真面目に答えているのに、おじさんたちはわたしが「まんこ」と口にすると、なぜか顔色が赤くなったり青くなったりしています。どうも「まんこ」という3文字を言えないみたい。それを目当てにガサ入れしに来たのに、なんで？

わたしはおじさんたちの反応が面白くなってきて、「ま、ん、こ」という言葉をくっきりはっきり滑舌《かつぜつ》よく連呼し続けました。そうしている間におじさんたちもだんだん慣れてしまったのか、小一時間もした頃には、

「こっちにも、まんこありました！」

と、だいぶ言えるようになっていました。

そうしておじさんたちは、わたしの作品であるレディガガまんや戦場まんや潮吹きまんやiPhoneが入らないiPhoneカバーまんなどを、「証拠品だ！」と真顔で言いながら段ボールに詰めはじめましたが、わたしの大切な作品をプチプチも使わずまるでガラクタのように雑に扱うので、見ていられません。

「ちょっと！　わたしが梱包するから、よこしなよ！」

イラついたわたしは（自分の）プチプチを持ち出してわたしの作品を丁寧にくるみ、なぜか証拠品押収とやらのお手伝いまでしていました。

3　志麻子まん

おじさんたちが「押収」していく作品の中にはわたしのまんこじゃない物もありました。ホラー作家の岩井志麻子先生の石こう素まん（素のまんこ型）です。

こんなことが起こる数日前、あるスポーツ新聞の取材で志麻子先生と対談させていただきました。その際、「先生のデコまんを作らせてください！」とお願いし、志麻子先生のまんこの型をとらせていただいたのでした。

敬愛する岩井志麻子先生のデコまんを作れるのです。そんな珍しい経験、一生に二度とないでしょう。紛失や破損などマンが一（万が一）のことを考え、志麻子先生の石こう素まんを3個ほど複製し、石こうの水分を飛ばすために窓際に干していました。

その素まんも、「あなたの……アソコですか？（照）」とおじさんたちに聞かれた時は、志麻子先生を巻き込んではならないと思い、「わたしのまんこです！」と必死で言い張りました。

貴重な志麻子まんをデコレーションする前に持っていかれるくやしさで憤りながら梱包したわたしでしたが、後日、志麻子先生がMXテレビの「5時に夢中！」という番組で、「警察はどうやらわたしのアレも押収したらしいけど、私はサゲマンだから、あんな物を持っていたら悪いことが起きるわよ！　さっさと返しなさいよ！」

とおっしゃってくださったと知り、改めて志麻子先生を尊敬し直した次第です。

4　ひどいよ怖いよでもおいしい「逮捕」というネタ

それにしても、いったいこのおかしな状況はいつまで続くんだろう？　夕方には出かけるからシャワーも浴びたい、こいつら、そろそろ帰ってほしいんですけど……。

ウンザリしていたら、おじさんたちの作業のようなものはやっと終わったようです。そして一番態度が偉そうなおじさんが、わたしに向かってこう言いました。

「はい、じゃ逮捕状出てますからね。あんたは犯罪者だから！」

それまでは、このおじさんたちの行動が面白くてニヤニヤしていたわたしでしたが、手錠を目の前で見せられ、ようやく事態を把握しました。どうもわたしはやっぱり「犯罪者」らしいのです。テレビドラマで悪いことをした人が連行されるシーンが頭に浮かびました。わたしはいつも、悪いことをした人を眺める側だったのに、今、わたしはその悪人の立場なのです。何も悪いことをしていないのに、なんで⁇

急に体中が震えだしました。わたしはものすごくおかしなことに巻き込まれてる！　冤罪《えんざい》だ！　冗談じゃない！

しかし、一方でこう思いました。

（これはすごい漫画のネタかも！）

ひどいよ怖いよ！　でも、おいしい……！

もはや無実の罪を着せられたことに怯えて震えているのか、ネタが出来た興奮で震えているのかわからなくなりましたが、どっちにしてもわたしは手錠をかけられ、腰縄でくくられ、未知なるゾーンへ連れて行かれたのでした。

5　はじめてのテレビ出演は「犯罪者」

わたしに付けられた罪状は、「わいせつ図画頒布罪」（のちに「わいせつ電磁的記録記録媒体頒布罪」と直される）というものでした。なんだかよくわからないけど、わたしの作っているまんこアートがけしからんのだそうです。

連行されたのは、わたしが住んでいる世田谷区の警察署……ではなく、なぜか家から最も遠くて東京の真反対の位置にある小岩署でした。

わたしは手錠をかけられてもまだ自分が「犯罪者」という実感がなかなか湧きません。だって、悪いことしてないし……。だけどおいしいネタが出来たのは間違いない。今から起きることは全て記憶して後で絶対に漫画にしなくては！

小岩署に連れて行かれる車内でわたしは興奮に震えながら、頭を「取材」モードに切り替えました。

これがTVでよくやるあのシーンか…
○○ TV

幸い、自宅を出る時は近所の人たちに手錠をかけられた姿を見られませんでしたが、小岩署の前ではマスメディアとおぼしき人たちがカメラを手に待ち構えていました。

車が署に近づくとフラッシュがいっせいにたかれ、おぉ〜、これがよくテレビで観るアレか〜。とついニヤけていたら、隣に座っていたおばさん刑事が、

「あんたは犯罪者なんだから、下向いて申しわけなさそうにしろ」

などと言うのです。

（なんでわたしが申しわけなさそうにしないといけないんだよ?!）

ムカついたわたしは堂々と胸を張り、フラッシュがたかれる間ずっとカメラ目線で前を向き続けました。

残念なのは、自宅を出る前にきちんと化粧をさせてもらえなかったことでした（それでも必死で抵抗し、眉を描きチークをはたきましたが）。イケてない姿がテレビやネットで晒されるのは屈辱でしたが、そんなわたしにおかまいなく、車はノロノロと署に入って行きました。

6　ウソだらけの取り調べ

小岩署に着いたのは13時過ぎ。中に入ると、生活保安課という課の中の４畳半くらいの部屋に連れて行かれました。そこが「取調室」とのことで、わたしはこれから取り調べを受けるのだと言われました。よくテレビのドラマなどで見るあの部屋です。カツ丼を食べられるのかな？　と

ついワクワクしました。

わたしの取り調べを担当した刑事はKと名乗るおじさんでした。恰幅《かっぷく》のよいKくんには力では負けそうでしたが、「ワシは（まんこと）言えんのじゃ～」となぜかまんこに怯えているのでまったく怖くありません。

わたしは一連のおいしいネタを忘れないようにメモしたかったので紙とペンをお願いしたところ、「紙に書いても何も持ち出せないよ」と断られましたが、それでもいいから！　としつこくお願いし、紙とペンを借り、Kくんの台詞《せりふ》やKくんの似顔絵を描いて頭にたたきこみました。

わたしがイタズラ描きなどしているのでKくんも油断したのか、取り調べを受ける人には納得できない質問には答えなくてもいいという「黙秘権」があることをわたしに伝え忘れる始末でした。

しかし、告げ忘れた事実をKくんは供述調書に書こうとしません。ムカついたので、「黙秘権があることは後から聞かされ、渋々了解した」という一文を入れなければ絶対に署名しない！　とわたしは言い張りました。Kくんは「ちっ」と舌打ちしつつもわたしの言う通りに書き直したので、こちらが強気になりさえすれば、言うことはだいたい通ることがわかりました。

また、取り調べの調書というのは「被疑者の言葉」であるはずなのに、わたしが言ってもいない文章を勝手にパソコンに打たれているのもすごくおかしい。わたしは、「てにをは」のヘンなところは全部ボールペンで訂正し、まるで編集者のようでした。「女性器」と打たれたところも

やべーー
黙秘権があること言い忘れてたっ!!
聞いたことにすればいいよねっ♡
おい💢
ものすご〜く
おっそ〜い
パソコン

もちろん「まんこ」とわたしらしい言い方に全部直させました。

調書はプリントする前に刑事が朗読するならわしのようで、まんこまみれの調書に困惑するKくん。

「……この3文字……〝女性器〟に言い換えていいよね?」

「駄目です、調書の通りに読んでください」

当然のルールですので、Kくんにまんこをれんこさせました。

ただ、誰も味方がいない中、「おまえのまんこ作品はワイセツだ!」とKくんだけでなく周りの刑事たちによってたかって責められるのはさすがに心が折れそう……。

弁護士を呼びたくても、

「当番弁護士は1回だけタダで呼べるけど、以降は40万~50万かかるよ。しかも呼んでも事件の説明をするだけで意味ないよ」

とウソを言われました。本当は、刑事被疑者弁護援助制度を利用すれば日本弁護士連合会が弁護士費用を援助してくれるから弁護料が支給されるのですが、そんな知識のないわたしはこの時弁護士を呼ぶのをあきらめてしまいました。

科学捜査研究所の検分書というのも見せられ、

「これは、あんたのやっていることはワイセツだ、と国が証明した書類だよ!」

と言われました(後で弁護士に確認したところ、それは単にわたしのまんこの3Dデータを3

留置場での取調べ

ダメです
調書の通り
間違えずに
読んで下さい。
…ワシは
この3文字が
言えんのじゃ～っ
調書はプリントしたら間違いがないように
刑事が被疑者に朗読するならわし
第0号物件のデコまんは
私のまんこでゴルフまん
という作品です
第0号物件のデコまんは
私のまんこで大仏
ライトまんという作品です
第0号物件のジオラまん
私のまんこで
まんこ女学院《まん》という
作品です…
6d745. 2015

Dソフトがあれば開けると証明したに過ぎない検分書でした)。その時点では、刑事がそう言うのならそうなのかな？　と思いましたが、国がワイセツと認めたというわりには、その根拠……たとえばこのまんこ作品を見た男性の精子は何ミリリットル出ましたよとか、勃起率が何％上昇しましたよ、とかいうことが一切書かれていませんし、署名者の名前も全員男性。

「女性も署名していれば公平だけど、男だけじゃん！　こんなおかしな検分書、絶対認めない！」

わたしはトンチンカンながらも必死で抵抗しました。

しかし、それですんなり帰してもらえるわけもなく、わたしは女性用の留置場施設がある湾岸署に連れて行かれました。

ちなみに、カツ丼を食べられるのかと思ったら、冷えきったまずい仕出し弁当をだされました。カツ丼は刑事ドラマの中だけのファンタジーなのでした（留置場では500円を払えば「自弁」といってカツ丼やハンバーグ弁当を食べられます、500円を払えば)。

注：都内の女性用留置場がある警察署は「湾岸署」「原宿署」「西が丘分室」のみのため、ここ以外の警察署に逮捕された女性被疑者は上記3署の中から空いている署に連れて行かれます。

7　被疑者はみんな口ずさむという、あのテーマ

18時頃、わたしは今度は湾岸署の留置場に連れて行かれました。

小岩署を出る時、またテレビカメラが待っていたらイヤだなぁと思いましたが、出口はガランとしていてホッとしました。刑事に「そこまで有名人じゃないよ」と笑われました。っつーか、報道陣を呼んだのはおまえらだろうが。

車がお台場に近づいてきました。昔、当時の彼氏とドライブしたこともあるあの有名な橋です。夜景がキラキラしてきれい。昔と違うのは、わたしの手にはいかつい手錠がしっかりかけられていること……。

それでもまだ現実を受け入れられないわたしの頭の中では「踊る大捜査線」のテーマが流れます。

「レインボーブリッジ、封鎖できませ～ん」

思わず口にしたら、

「それ、湾岸署に連れて行かれる人はみんな言うんだよね～」

と鼻で笑う刑事。どこまでもムカつきます。

しかし、この時はまだわたしも刑事に軽口をたたけるほど余裕があったのです。これから過酷な留置体験が待ち受けているなどとは夢にも思いませんでした。

8　6泊7日のプレミアム体験

湾岸署で過ごした留置生活は6泊7日。ちょっとした海外旅行の感覚でした。何もかもが初体験で新鮮。しかし海外旅行と違うのは、ぜんぜん楽しくないことです。お金じゃ買えないプレミアム体験だけど、買いたいとも思わない。

留置場では全ての行動を監視され、人間らしさや自由を奪われます。移動のたびに手錠と腰縄をキツーくかけられ、ほんのちょっとでもルールや命令に反すれば怒号を浴びせられます。

所持品は没収され、着ていた衣服は脱がされ、お仕着せのよれよれのTシャツとどぶねずみ色のトレーナー上下に着替えさせられ、靴下や歯ブラシやタオルなど日用品を買わされます（所持金がない人は最低限の物を支給される）。

そして、わたしは名前を消されました。

「あんたは今日から820番ね！」

「8」は湾岸署の番号で、「20」がわたしの番号ということで、7日の間、わたしは「ニーゼロ」と呼ばれました。

朝は6時半起床。いやでも叩き起こされます。夜は眠くなくても9時就寝。新聞は読ませても

あんたは今日から820番ね
……
6d745. 2015

らえますが、テレビもラジオもなく、インターネットもできません。

衣類の洗濯は週1度（洗濯物をネットに入れて看守に渡し、洗濯してもらいます）。

買い物ができるのも週1度のみ（購買店があるのではなく、売り物リストのような紙を渡され、買いたいものを記入）。

風呂は夏場は3日おき、冬場は5日おき。

出される食事は毎回コロッケ。朝からコロッケ。揚げ物ばかりで生野菜なし。当然便秘になりますが、ちり紙も粗悪な紙で、十分な量を渡してもらえず、持病の痔が悪化して泣きたくなりました。

……こう書いていて、子供の頃に読んだアウシュビッツ強制収容所の本を思い出しました。ほんとにひどいところでした。

しかし、幸いにも同部屋では親切な人に恵まれたのと、この時の逮捕はたった7日間で済んだので、今から思えばぜんぜんマシな方でした。

この4ヶ月半後に再逮捕で入れられた西が丘分室の留置場ではもっとひどいことがありましたが、そのことは後にふれたいと思います。

9　外の世界では？

わたしが6泊7日のプレミアム体験をしていた頃、外の世界では、マスメディアがわたしのことを「自称芸術家」と報道していました。

まぁ、名前からして「ろくでなし子」とふざけていますから仕方ありません。

ただ、わたしはそれまでも活動をしていたし、わたしのことを取り上げたスポーツ新聞や週刊誌もたくさんありました。活動実績を調べれば「自称」ではないことはすぐにわかるはずなのに、きちんとした新聞でもそんなふうに報道されたのは、今でも不思議です。

一方で、この逮捕は不当だ！　と憤った人々による「ろくでなし子の即時釈放を求める署名」が立ち上がり、見知らぬ弁護士の先生方が弁護をしたいとジワジワ集まり、弁護団が結成されました。

勾留直後はさすがにヘコタれ、「罪を認めればアウシュビッツ（ここ）を出られるのでは？」とあきらめかけたわたしでしたが、勾留2日目に当番弁護に来てくださった須見健矢先生と面会し、

（やっぱりこんなことで逮捕されるなんておかしい！）

と考えを改め、拘束期間が長引いても絶対に負けない覚悟を決めました。

そして、この勾留は不当であるという「準抗告」という申し立てが（100件に1件の割合でしか通らないぐらい難しいと言われたにもかかわらず）、あっさり通り、晴れてシャバに戻れたわたしは、それまでわたしを取り巻いていた環境がすっかり変わったことに、竜宮城から帰ってきた浦島太郎のようにキョドりました。

10　浦島太郎、シャバに出る。そしてまたもや逮捕……?!

弁護団の計らいにより、釈放された日の夜に記者会見を催しました。弁護士事務所の一室で行

6d745. 2015

ごはんを食べる時はBGMがかかる。
湾岸署ではドラマ「JIN－仁」のテーマソングと
CHAGE and ASKAの「SAY YES」（一日のみ）が．
西が丘分室ではゴッドファーザーのテーマがよく
かかっていた。　↑かなしくなるわ…

いましたが、部屋に入りきらないほどたくさんの報道陣が集まりました。

しかし、わたしが逮捕された時はあれだけテレビで流していたのに、釈放会見の模様はテレビのニュースにほとんど流れませんでした。

海外のマスメディアと、一部のネットニュースサイトだけはきちんとニュースにし、後日、日本外国特派員協会にもわたしを招いてくれました。

「こんなことでアーティストを逮捕する日本はクレイジーだ」

というのが海外メディアの主な反応でした。

わたしは逮捕前から真剣にまんこのアートを作ってきましたが、この日本ではずっとバカにされてきました。味方などいませんし、常に「狂っている」とか「頭おかしい」と罵《のの》しられ、石を投げられる。取り上げてくれるメディアはあっても、たいていおじさんが読む週刊誌やスポーツ新聞や下世話なネットのニュースサイトで、「バカな女がエッチな活動をしている」と書かれることがほとんど。

実際の作品は、まんこのボートやiPhoneが入らないiPhoneカバーやラジコンと合体させた走るまんこなど、笑える物ばかり。エロとは関係ないものを作ってきたのに、「まんこ」というただそれだけで、即エロ扱い……。わたしがいくら「違うよ！」と叫んでも、誰も振り向いてくれません。もう諦めていました。

MANKO PARTY!!
（まんこ党）
2014年7月の外国人記者クラブにて。海外の記者に「今後選挙に出ますか？」と聞かれて「まんこ党ですが…？」と答えたのを通訳の山口貴士弁護士が訳したシーン。この会見のお陰で世界に「MANKO」が発信された。
The Foreign Correspondents' Club of Japan (1945)
社団法人 日本外國特派員協会
キリッ
プ
笑いをこらえてる
……
6d745. 2015

ところが、海外メディアの反応を見て何か思ったのでしょうか、逮捕直後はわたしを「自称芸術家」と報道したメディアや今までわたしをバカにしてきた人たちが、時が経つにつれ、だんだんとわたしの話を真面目に聞いてくるようになったのです。

それまであまりご縁がなかった『美術手帖』や『芸術新潮』などアート系雑誌に取り上げられるようにもなりました。２０１４年10月には東京デザイナーズウィークのＴＤＷアートフェアにも呼ばれ、前期展示準グランプリ賞も授与されました。展示内容は、わたしが7月に逮捕勾留された時のことをイラストや留置場で実際に使ったタオルやパンツや靴下などの生活用品を展示して再現したものでした。審査員の総評は「作品の質はどうでもいい、生き様がアーティストだ」ということで、とてもわたしにふさわしい褒め言葉だなぁとうれしく思いました。

東京藝術大学のシンポジウムにも招待され、登壇しました。「警察のひどい仕打ちにも負けずに自分の主張を貫き通した、ろくでなし子は強い！」と褒めてくれる人たちまで現れました。

ついでに一部のフェミニストたちにも、「ろくでなし子はフェミニストとして女性のために闘っている！」と急に賞賛されましたが、後から「やっぱ違うじゃん！　ガッカリだわ！」とこきおろされたり……。

（これはいったいどういうこっちゃ？）

と不思議に思いながら、6泊7日のプレミアム体験漫画を週刊誌に連載し、様々なイベントにも呼ばれるなど、わたしは忙しく過ごしていました。

あれから４ヶ月半、逮捕されたことなど忘れかけ、わたしは出版が決まった単行本の最終原稿を描きながら、趣味の発酵料理の甘酒や納豆を仕込んだり、ささやかな日常生活の幸せを取り戻していました。

警察からは、取り調べの要請が「本人限定特別郵便」という７００円くらいの切手が貼られた封書で時々届きました。取り調べをしたいなら電話で連絡すればいいのに、つくづく税金の無駄遣いだなぁと思います。わたしは刑事たちにウソをつかれて不信感しかなかったので、

「弁護士が同席でなら、取り調べを受けます」

と電話で伝え、弁護士を通して内容証明の封書でも返答していましたが、警察は頭が悪いのか、わたしの意見は認めず、ひたすら取り調べの要請を送りつけてくるのみでした。

このまま不起訴になって一件落着かなぁとのんきに構えていたわたしの前に、奴らは再び現れたのでした。

今度は確実に「まんこ」と言えるようになって……。

第2章　留置場ってどんなところ？

1　再逮捕よりもこうじ菌

「手作り塩こうじのポイントは、清潔なスプーンで1日1回かきまぜること」

２０１４年7月の逮捕をきっかけに、普通の生活が一番の幸せと気づいたわたしは趣味の発酵料理を楽しむ穏やかな毎日を過ごしていました。

その日（12月３日）の朝も、塩こうじや甘酒や納豆を仕込んでいました。出来上がりが楽しみ。ほっこり、ほっこり……。

しかし、時計が8時半を指した頃、わたしのささやかなほっこり生活は、またしても奴らによって邪魔されたのでした。

刑事たちは今回は６人（うち女性警官１人）でした。あの日、わたしに手錠をかけた態度のでかいおじさんと、Ｋくん、その部下の若い男もいました。

その態度のでかいおじさんはわたしをまた逮捕に来たのだと、鼻の穴を広げて精一杯偉そうな態度を見せつけていました。

そうして奴らはまた勝手にわたしの部屋をガサ入れし始めました。

ガサ入れといっても、めぼしい物は7月の逮捕時に全部押収されたまま。特に持っていけそうな物もなく、あるのは発酵料理の容器ばかり……。

仕方ないのか、奴らはただの絵の具箱や紙切れや、料理で使う計量器まで「証拠品だ！」と大げさな声を張り上げ袋に入れていました。わたしはその光景を見て、つくづくバカバカしくなりました。こんなことに、国民の税金つかうのかよ……。

わたしが「そういえば、〝まんこ〟って言えるようになりました？」と尋ねると、「そんなもん、最初から言えてるよ！」とKくんは強がっていました。

さすがに逮捕も2回目となると慣れてしまいます。どうせまた小岩署に行くんでしょ？　と半分あきらめ、お化粧しようとメイクポーチを手にすると、

「化粧なんかするな!!!!」

Kくんと態度のでかいおじさんは、わたしが身動きできないよう2人掛かりで羽交い締めにしました。わたしがみすぼらしい姿でテレビに映るようにする嫌がらせなのはわかるけど、ムキになりすぎ。

わたしも負けじと、「暴力だ！」「人権じゅうりん！」と叫んでやりましたが、奴らは意地でもわたしに化粧どころか歯磨きすらさせずに（！）手錠と腰縄をかけてひきずり出しました。

刑事たちに無理やり連れて行かれる直前、足下に転がる塩こうじの容器を見て、同居人に必死でお願いしました。

「わたしが帰ってくるまで、1日1回、清潔なスプーンで塩こうじかきまぜて！」

後に同居人が「かもしすぎ！」と呆れるほど、わたしは再逮捕よりこうじ菌の方が気がかりでした。

2　いやな予感ほど当たるもの

二度と行きたくなかった場所に、わたしはふたたび連れて行かれました。世田谷区とは東京の真反対の位置にある、小岩署の取り調べ室。

が、今回は刑事たちにも慣れていますし、7月から弁護団もついています。小岩署の前でマスメディアが待ち構えていることも予想がつきます。

実際に待っていたメディアの人数が前回より少なくてちょっとがっかりしたぐらい。わたしは今回も堂々とカメラ目線でやり過ごしました。隣に座る刑事たちは、もはや何も言いませんでした。

署に着いて、早速Kくんは取り調べを始めました。取り調べといっても、わたしはブログやツイッターですべての活動事実を晒していますし、前回も十分話しています。なのに、聞かれることは前回とまったく一緒。

その無意味な質疑応答をパソコンに打ち込まれるのですが、Kくんは1行の文章を打つのに3分以上かかります。ものすごく退屈です。

わたしは朝から何も食べていないので、「何か食べさせて」とお願いしましたが、「調べが終わってからね」と言ってなかなか食べさせてくれません。

もうお昼の12時を過ぎたというのに、1本指でちまちまパソコンを打つKくんの作業を待っていたら、飢え死にするわ！

ムカついたので、

「〝お腹がすいたと言っているのに取り調べが終わるまで食事を与えない嫌がらせを受けた〟と供述調書に書けよー！」

と切れまくったらやっと冷えたまずい弁当を出されました。40を過ぎたいい大人がご飯のことで必死になるのも我ながら情けないですが、しかし、こんなふうに取り調べで嫌なことをされても、

「今の事実を供述調書に書け（さもなくば署名しない）」

と言い張れば、だいたい向こうは折れるのです。それを前回学んでいたわたしは、Kくんにはのびのびと言いたい放題言えました。

身上調書（わたしの生い立ちやまんこのアートの活動経緯）をとられる時も、ふと、その話ならこれから出る単行本に詳しく描いたなぁと思い、せっかくなので、

「わたしの生い立ちについては、２０１５年発売予定の単行本『ワイセツって何ですか？』（金曜日刊）をぜひお読みください」

という一文も盛りこんでもらいました。裁判になったら良い宣伝になりそうです。

とはいえ、そもそも前回の逮捕がおかしいと思っていたのに、まさかの再逮捕。弁護士ですら、「それはないと思う」と楽観視していたので、これは本当に異常事態です。

（今回の勾留は長引くのではないか……）。

最初は余裕をかましていたわたしも、イヤな予感でザワザワしてきました。またそういう時ほど、当たるのです。

3　2度目のお勤め先「西が丘分室」

前述のように、通常、逮捕された人が留置場に入る場合は連れていかれた警察署内の留置場に入れられます。が、女性用の留置施設がない警察署がほとんどなので、女性の被疑者は専用の留

置場に連れていかれます。

小岩署も女性用留置施設がないため、前回は湾岸署に入れられました。2度目の逮捕の今回は、西が丘分室という赤羽の方の留置施設に連れて行かれました。

取り調べは16時には終わっているのに、「西が丘（分室）が、21時に来いっていうから、ちょっと待ってろ」と言われ、わたしは小岩署の取り調べ室で5時間以上、ぼーっと待たされました。そして西が丘分室まで車で連れて行かれたのですが、車のカーナビが古すぎて道に迷う運転手。ようやく西が丘分室に着いたと思えば、また、「ちょっと待ってろ」と言われ、そこから1時間くらいぼーっと車内で待たされ、やっと西が丘分室内に入れた時は、待ちくたびれてヘトヘトでした。

4 留置場グッズコーナー

署に入って最初に連れて行かれるのは、身体検査などをする個室。わたしは7月にもされたように、傷や病気や入れ墨がないか全身のチェックを受け、まんこの中に何か隠していないかと股を開いてぴょんぴょんさせられました。

ここでは監内で使う備品を買わされます。前回の勾留では所持金が少なくひもじい思いをしたので、今回は家を出る時2万円をにぎりしめてきました。これぐらいあればひとまず安心です。

買い物リストの中に「高級ちり紙（４００円）」を見つけ、痔持ちのわたしはすかさず買いました。前回、備え付けのガサガサの紙でお尻が大変なことになったからです。

また、前回は買えなかった（洗顔のあとに唯一使える）ニベアローションも買いました。勾留が長引きそうな予感がしたので、靴下もパンツも3枚ずつ多めに買っておきました。使わずに済んだ場合はシャバに出たら「留置場体験展示会」を開けるので、一石二鳥です。

そうそう、留置場で使える衣類には、独特のルールがあります。

まず自分が来ている衣服はすべて脱がされ、どぶねずみ色のトレーナー上下に着替えさせられることは最初に書きましたが、後で家族や友人に差し入れしてもらうことも可能です。

ただし、「ヒモ付き」「レース／フリル付き」は入れてもらえません。理由は、「ヒモ状のもので自殺をする恐れがあるから」。

（……こんなことで自殺なんかしねーよ！）

ちなみに「レース／フリル付き」もそのレースやフリルをほどいてヒモ状にできるので、これに準ずるのだそう。

（……どうせ自殺するならわざわざパンツの細かいレースやフリルをほどいてヒモ状にし直さないで、トレーナーの袖とかズボンの裾でやるわい！）

その他にも、「脇にスリットが入っている服」もなぜか駄目、靴下もかかとから10センチ以内

差し入れNG編①

レースやフリルはほどけてヒモ状にできるからダメ!!

フリル・レース付のパンツ
このヒモとやらで首をくくれて自殺の危険があるからダメと言うのだが…

そんな切れっぱし使うくらいならトレーナーの袖とかズボンのすそでやる方が早くね？？

6d745. 2015

差し入れNG編②

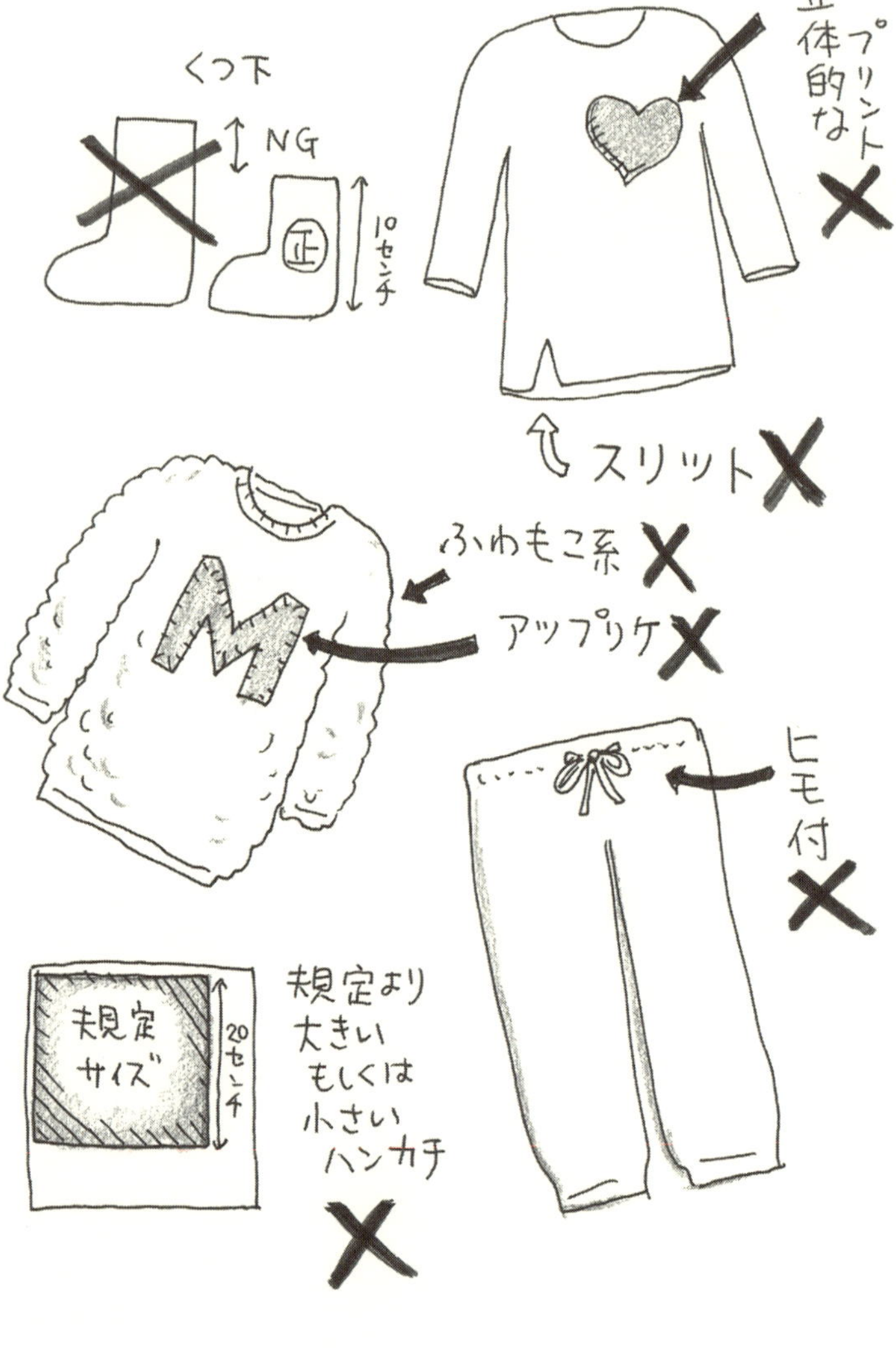
くつ下
NG
正
10センチ
立体的なプリント
スリット
ふわもこ系
アップリケ
ヒモ付
規定サイズ
20センチ
規定より大きいもしくは小さいハンカチ

でないと「長すぎて自殺の恐れがある」ということで駄目でした。

日本の留置場のルールはこのようにしょうもないものばかりで頭が痛くなってきます。

5　雑居房ではみんなが仲間。だけどわたしは……

身体検査と買い物を済ませると、雑居房に連れて行かれます。

雑居房は当たり前ですがわたしのように逮捕された人がひと部屋5人くらいで共同生活する部屋。

当然みんな仕事も年代もバラバラ。おまけに「犯罪を犯した疑い」をかけられているのですから、どんな人がいるかしれません。

7月の勾留時はたった7日間で済みましたが、今回は長引きそう。せめて同部屋の人がいい人でありますように……。

祈りながら入った部屋では、早速2人のおばちゃんたちが喧嘩してギャアギャアわめいてます。止めに入ったリーダー格のおねえさんは元ヤンっぽくドスを利かせて怒鳴りちらす。

どうやら一番めんどうな部屋に入れられたようです……。

雑居房では同じ部屋の人に必ずこう聞かれます。

「あんた、何で捕まったの？」

留置場に入れられる際、警察には「同じ部屋の人には自分の罪状をしゃべらない方がいいよ」と言われます。理由は〝ヤクザのような怖い人もいるので、後であなたが留置場にいたことや罪状をゆすられるかもしれないから〟だそう。

だけど7月の留置の時もそうでしたが、部屋に入るとみんなペラペラ自分の罪状を話しています。ギャアギャアうるさい人はいるけれど、警察が言う「ヤクザのような怖い人」なんていませんでした。

みんな家族や味方から引き離され、刑事や検事に責められ、孤独で不安。不安だから話さずにいられない。それならわたしもあなたも一緒。みんなこの瞬間から仲間になるのです。

ただ、わたしの逮捕理由を説明するのは毎回困りました。

7月の湾岸署でもそうでしたが、

「まんこのアートで捕まった」

そう言うと、ポカーンとされるか、ドン引きか。

ここ西が丘分室の同部屋のみなさんには、いくら説明しても意味不明すぎたようで大笑いされました。わたしはシャバにいた時も頭がおかしな人扱いされてきましたが、留置場の中でもマイノリティでした。

6　雑居房の仲間たち

今回お会いしたのは、6人の仲間たち。

リーダー格の人は、一番長くここにいる、覚せい剤不法所持の40代の主婦（知人のライター・コロスケさんに似ていたのでコロスケさんと心の中で呼んでいた）。

生活保護の不正受給で捕まった、スナカケばばあに似ている70代のおばあさん。

コロスケさんとスナカケさんは、わたしが保釈されるまでともに過ごしました。

あとは風俗店に名義貸しをしていた60代の韓国人女性、違法な風俗店経営で捕まった40代の韓国人女性、窃盗で捕まった巨乳のコロンビア人、万引きで捕まった40代の主婦が入れ替わりで出たり入ったりしてゆきました。

コロスケさんは刑務所にもいたことがあるのでいろんなことに詳しい人でした。元ヤンでちょっと怖いけど、情に厚く、わたしのような新入りにはここでのルールを手取り足取り教え、困っている人にはアドバイスをし、仲が悪いスナカケさんにも、自弁（500円で買える特別メニュー）のおかずを分けてあげる心やさしい人でした。拘置所にいるという旦那さんに毎日マメにお手紙を書いていたのが印象的でした。あと、コロスケさんにはお金がなくて自由に物が買えない時の知恵として、少ないナプキンを有効に使う技（昼用のナプキンをタンポンに改造）という「伊東家の食卓」のようなテクニックも学びました。

スナカケさんは、この部屋で一番厄介な人でした。留置場には、同じ部屋の人がルール違反しているのを見つけるとすぐ報告し、いらないトラブルを招くチクリ屋というのが必ずいます。担任の先生になんでもチクる学級委員のように看守にいい顔をしておけば得すると思いこんでいるのですが、わたしたち被疑者の罪状は検事が決めること。看守にいくらヘコヘコしても何も変わりません。スナカケさんのせいでみんなしょっちゅうイライラしていました。しかし、スナカケさんは誰も身元引き受け人がいず、所持金が1円もないため監内で買い物もできず、ちょっと気の毒でした。

名義貸しの60代韓国人女性は陽気なおばちゃん。洗顔タイムは冷水で時間をかけて顔を洗ったり、わたしのまつ毛が長いのを見て、使っているまつ毛美容液を尋ねるなど美意識が高いので、オシャレさんと呼んでいました（それを見たスナカケさんが「いい年してオシャレなんかしても意味がない」とオシャレさんに文句をいい、無駄な喧嘩がはじまるのがいつものパターンでしたが）。わたしはいくつになってもオシャレを忘れない人は大好きです。日本では、年取った女性がオシャレをすると「痛い」とか「年相応にしろ」とか、好ましくない目で見られがちですが、

雑居房（約8畳くらい）ジュータン敷き（MAX5人収容）

お年寄りこそ明るい色の服を着てオシャレする方がいつまでも元気でいられると思います。わたしはオシャレさんと美容の話をするのがとても楽しかったです。

違法な風俗店を経営して捕まった40代韓国人女性は、優しい人で、この部屋で一番の愛されキャラさん。毎日彼氏さんが面会に来てくれて愛に包まれていました。こんな場所ではすてきな思い出と言っていいのかわかりませんが、クリスマスイブの日に彼氏さんと入籍されました。愛されキャラさんのお陰で、わたしのすさんだ留置場生活にも心に灯がともりました。末永いお幸せを願います。

コロンビア人の巨乳さんは、窃盗で捕まったようですが、日本語が話せず苦労されていました。英語ができる愛されキャラさんを通じてかろうじて看守とやりとりしていましたが、国選弁護士も2ヶ月に1度くらいしか来ない（！）というひどい対応をされていて、外に残してきたお子さんに何ヶ月も会えないのは本当に気の毒でした。

巨乳さんのように、留置場では日本語を話せない外国人をよく見かけました。みんなお金がないので監内での生活必需品もろくに買えず、国選弁護人しか頼めません。国選弁護人は国からの報酬金が少ないため、彼女たちの弁護はないがしろにされがちで、外国人の勾留が長引く悪循環となっているようです。

万引きをして捕まった40代の主婦は、パートを2本かけもちしている忙しそうな人。パートさんは「いつも働きづめだから、留置場に来てこんなにヒマすぎて寝てたのは久しぶり〜」と笑っていました。わたしがワイセツで捕まったと言ったら、「あ!　もしかして、まんこの人?　TBSの23時のニュースで見た見た!」と。2回も逮捕されたし、そりゃ知ってる人がいてもおかしくないかと苦笑しました。パートさんとは一番年齢も近く、もう少しお話ししたかったのですが、幸いにもすぐに釈放が決まっていなくなりました。

彼女たちとわたしの状況はこのようにバラバラで、シャバにいたら何の接点もなく、お互い会うこともなかったでしょう。ご縁というのはなんとも不思議です。

7　自尊心を低くされる留置場のくだらないルールとシステム

留置場の1日のスケジュールは、ざっと次ページの図のようになっています。

パッと見た限り、「ヒマ」な時間が大半で、案外ラクそうに思われるかもしれません。しかし、何もできないヒマな状態というのは人を腐らせます。漫画や絵を描くなど、シャバでは普通にできたことを許されないのはとても辛い。

＊以降も、時間はおおまかなものです
これに、ほぼ毎日取り調べが入ります。

留置場での1日のスケジュール

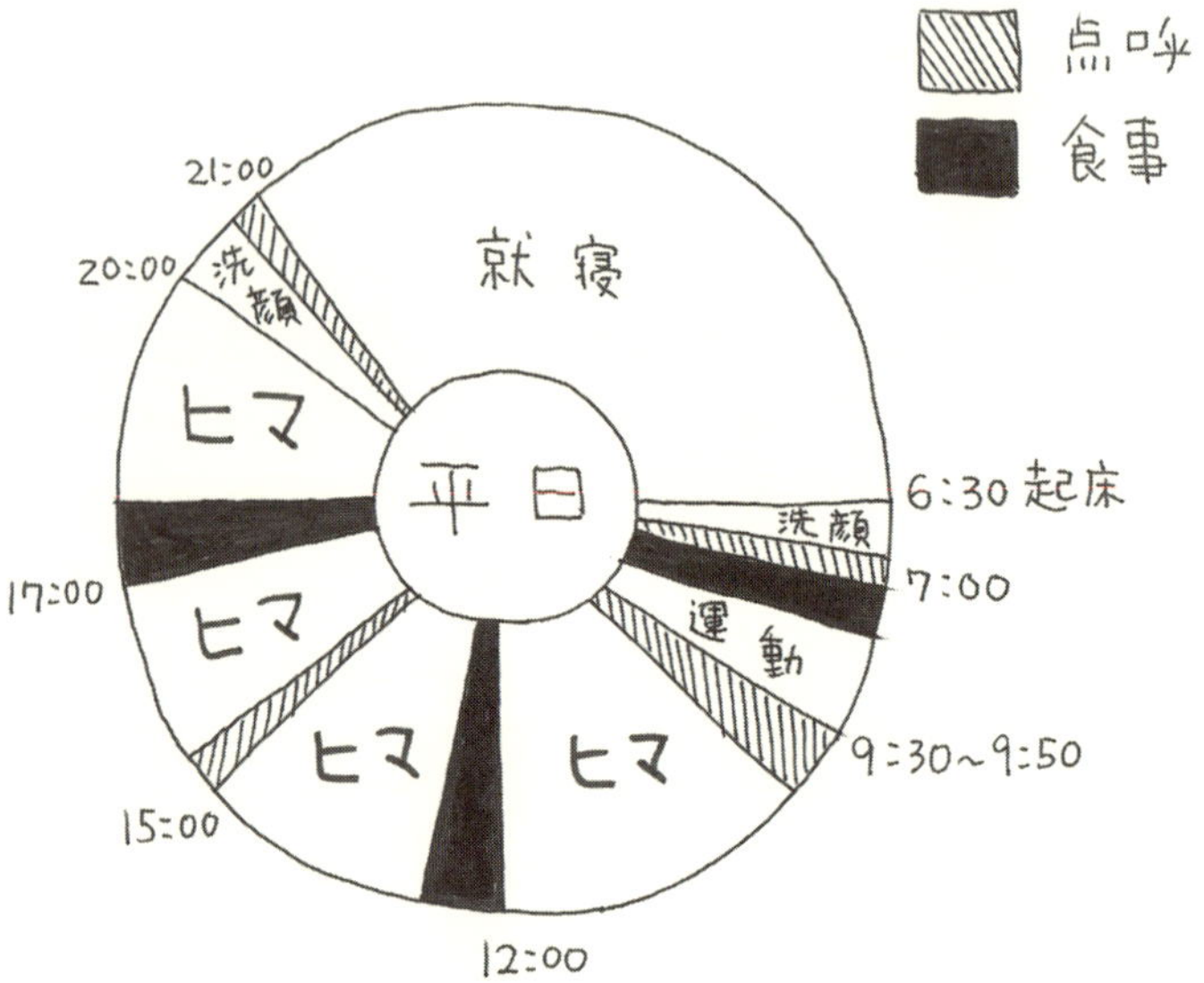

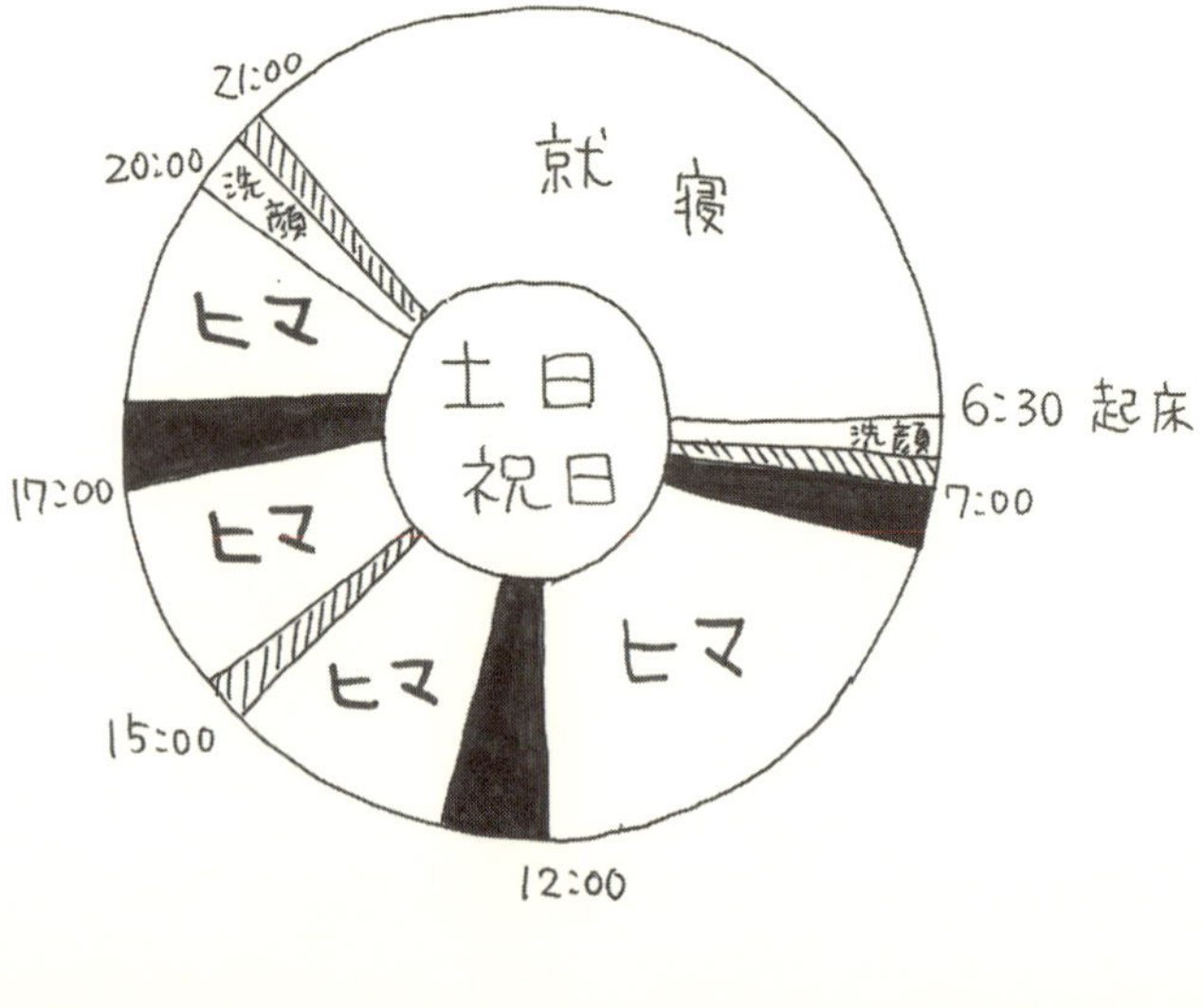

ためしにこれを読んでいる人は、十分に睡眠をとってから、テレビもラジオもパソコンもない部屋で、日中は食事とトイレ以外なにもできない状態を8時間続けてみてください。もちろんその間、外に出てもいけませんよ。おそらく、あまりのヒマさに耐えられないでしょう。

ここ留置場では、平日ならまだ手紙（1日1通まで出せる）や被疑者ノート（弁護士とやりとりするためのノートで、法律的には被疑者と弁護士以外は閲覧権限がない）を書いたり本を読んだり面会もできますが、それら全てを禁止されている土日祝日は、超ヒマ過ぎてヒマ死にしそうでした。なぜ「禁止」なのかも特に理由など説明されません。そういう理不尽を被疑者に味わわさせるのが目的なのでしょう。

留置場ではあらかたのスケジュールは決まっていても、看守の気分次第で変わります。たとえば被疑者ノートを書いたり、新聞を読んだりする時間は20時までと言われているのに（手紙は15時まで）、看守が「歯磨きの時間」の支度をするのにいつまでもノートを書いてる奴がいると邪魔だからと、19時半には下げられてしまいます。

トイレに行きたいからちり紙がほしいとか、ちょっとした頼みごとをする時も、看守の許可が必要で、看守が忙しければ全てあとまわしにされます。

そもそも、留置場のルールは細かくてどうでもいいことだらけ。

まず、留置場内の衣服には「ヒモ付き」「レース付き」「フリル付き」は禁止という変なルールがあるのは先にも述べました。

前述のようにお風呂は夏場は3日おき、冬場は5日おきにしか入れません。それだけでもひどいのですが、お風呂上がりに使える綿棒は、1人たったの1本しか渡されません。綿棒くらい今時100均でも買えますし、せめてあと1本くれたっていいのに、何がなんでも1本のみ。

「着替えの時間」というのも決められていて、朝、布団を片付けた後の数分のみ許されますが、それ以外の時間に「汗をかいたからTシャツを着替えたい」と言っても絶対許してもらえません。わたしたちが何時に着替えたとしても、誰に迷惑をかけるでもないのに。

検察庁や裁判所に連れていかれる時に持っていけるおりものシートやナプキンの枚数も2枚までと決められていて、それ以上隠し持っていると怒られます。ナプキンを何枚持っていても凶器になるわけでもないのに、つくづく不思議です。

ちり紙だって、わたしはわざわざ400円出して自分専用の高級ちり紙を買ったのに自由に使うことができず、檻の外のロッカーに入れられ、「うんこしたいから多めにください」と言ってもちょびっとしか与えてくれません。繰り返しますが、わたしの専用ちり紙なのに、です。

ちなみに、お金がない人はパンツもおりものシートも買えず、最低限2枚パンツを支給されますが、週1度の洗濯の日まで、同じパンツを穿き続けないといけません。人権なんて丸無視です。コロンビア人の巨乳さんにはかわいそうだからみんなでおりものシートを分けてあげました。

私物を受けとるのもいちいち許可がいる。

……まだまだくだらないルールが多くて書き切れません。

これらルールは、おそらく「わざと」なのでしょう。

風呂上がりに綿棒を1本しか渡されないような、微妙な不自由をコツコツ与え続けられ、絶えずイライラさせられることにより、わたしは自尊心がどんどん削られていくことに気づきました。

そうやって被疑者を消耗させ、こんな所早く出たい！　だったら罪を認めよう。そう思わせるおそろしいシステムなのです。

おかしいことにはムカついて反発したりふざけ返してきたわたしは、だったらなおさらこんなくだらないことに負けるもんか！　とふんばり、持病の痔を悪化させていくのでした。

8　ボールペン奪い合い戦争勃発

7月の湾岸署では、手紙や被疑者ノートを比較的自由に書けました。だから、ここ西が丘分室でもそのつもりでいたら、

「手紙を書く時はひと部屋に1本しかボールペンを入れられないから順番に書け」

「部屋の中で回覧の新聞を誰か1人でも読んでいる時はボールペンは使えない」

部屋には5人いますので、ボールペンを順番待ちしていたら時間がなさすぎて書きたいことが全く書けません。おまけに時間制限付き。なんとひどい仕打ち。

手紙・被疑者ノートを書く場所

手紙（平日10:00～11:30、13:00～15:00まで書ける）

被疑者ノート（平日・土日祝OK　10:00～11:30、13:00～19:30まで）

わたしが勾留後、初めて刑事の取り調べを受けた時、早くその内容を忘れないようメモしたいのに、コロスケさんが拘置所にいる旦那さん宛に日課だという手紙を書いているので、なかなか順番が回ってきません。やっとコロスケさんが終わったかと思えば、お昼ご飯の時間になり、書けない。お昼を食べ終わり、また刑事が取り調べに来る前にとにかく書きたい！　と思っても、コロスケさんが「まだ終ってないから！」とゆずってくれず、書けない。そのうち刑事が来てしまい、結局夕方まで書けないということが続き、わたしは憤死しそうでした。

ただ、手紙は15時までですが、被疑者ノートは20時まで（実際は19時半だけど）書けるので、仕方なく、全脳細胞を記憶力にしぼり、午前中書けなかったことを15時以降の、手紙を書く人がいない時間に被疑者ノートに書きなぐりました。

ふだん、何気なく思いついたネタをメモしたり、イタズラ描きをしたり、「書く（描く）」ことはわたしにとって、ごく自然なことでした。その自由を奪われてはじめて、書くことのありがたさをしみじみ感じ、その時間をとても大切に考えることができたのは良かったです。

ところが、新入りのわたしが15時以降も被疑者ノートを書き続けていることに、同じ部屋の人たちが興味を示しはじめました。

「〝被疑者ノート〟なんて、はじめて見るわ！　なにそれ?」

被疑者ノートは、弁護士によっては渡されないようなのです。たしかに、本人がすなおに罪を

風呂の時間(朝7:00-8:00)
1人20分で出される。
冬:5日おき
夏:3日おき
ロッカー
6d745 2015

認めて何も争うことがない単純な事件の場合はとくに書くこともないからです。なのに、「わたしも書きたい！」「わたしも！」「弁護士にもらおう！」

突如被疑者ノートブームが沸きあがり、順番待ち戦争が勃発。

わたしはただでさえ書ける時間がないというのに、これでますますややこしくなってきて、もうゲンナリ……。

しかし、当然、被疑者ノートを書くのは全ての被疑者の権利ですから、わたしのためにやめてくれなんて言えません。

早速オシャレさんが、面会した弁護士さんから貰った被疑者ノートに楽しそうに何か書いています。ちらっと見たら、でかでかと、

「ケアプロスト」

と書いていましたが、それはわたしがオシャレさんに教えたまつ毛美容液の名前……。大事なメモって、それかよ！

そうそう、被疑者ノートといえば、先にも書きましたが、このノートは「秘密交通権」という権利が保証され、警察署内の看守でも勝手に見ることはできないものです。

できないはずなのに、わたしの被疑者ノートをロッカーに預けようと看守に渡すと、パラパラページをめくって勝手に中身を確認しやがります。

運動の時間
土日祝をのぞく毎朝
(7:30～8:30)
金網ごしに
吹きぬけの天井
ヴィ～
全然それないシェーバー
「運動」の時間にできる事は
爪切りと顔毛そりのみ。
運動はできない。
(昔はタバコを吸えたらしい)

パラ見だけなら許せても、そのうち、わたしのロッカーではなく、わたしに無断で警察署内に持って行くようになり、「おい、待てよ！」と抗議しました。

すると、看守の中でも偉い人たち（おじさんも）が集まってきて、数人でわたしを囲みました。

「内容を見てるんじゃなくて、ページに切れ目やちぎれがないか確認してるんだ」

そう言って、わたしの被疑者ノートを男の看守が勝手に持って行こうとします。冗談じゃありません。

看守たちが大勢で威嚇《いかく》しようが、ノートをわたしのロッカーに確実に返す約束をしなければ死んでもノートを離さないつもりでいたら、渋々あきらめたのか、それからはわたしの被疑者ノートはロッカーに入れてもらえるようになりました。

そんな当たり前の権利を通すだけでもストレスフルで、全身の毛が抜けそうでした。

9　毎日続く取り調べで鍛えた瞬発「怒」力

ストレスフルといえば、Kくんやその部下は、わたしの逮捕・勾留23日の間、土日も関係なくほぼ毎日、午前中（10時〜12時頃）と午後（13時〜17時頃）、取り調べにやってきました。

何がストレスかって、毎回毎回おんなじ話を聞かれること。

最初はあまりにきのうの話をなかったことにするので、「こいつ、天然ボケかな？」と疑ったほどでした。

しかし、同じ話を聞き続ける意味は、わたしの供述をあやふやにさせようとする、悪意のこめられた罠なのです。

きのうは青いと思っていた花の色を、意味なくしつこく問われ続けたら、青色ではあったけど、少し紫色がかっていたかも？　と思えてきます。Ｋくんは、わたしのそういう微妙な言い方の違いをとらえては、

「きのうとは言うことが違ってるねぇ」

つまり、わたしの供述には信用性がない、そういうふうに供述調書を書かれてしまうのです。ですから、わたしは常に自分に一貫性を持たせるよう、全ての事実は自分の記憶に忠実であるよう必死で心がけましたが、それはとても神経が疲れることでした。

いつからアート活動を始めたか？　という問いも、入学式や入社式のような区切りなどありませんし、気づいたら活動していましたから、「何年の何月何日に始めました」と正確に言える方がヘン。

そもそもわたしが争っているのは事実関係ではなく「まんこがワイセツかどうか」であって、過去のいつ、どの場所で、まんこのアートを作ったり展示したりしたか、といったことはあまり重要ではないのに、Ｋくんはそういう細かいことばかり聞き続けます。

ただ、わたしもおとなしく我慢し続けていたわけではありません。

ムカつきすぎてKくんを「おまえ」呼ばわりしたり、Kくんのパソコンが遅いのを「マジ使えねー」とさんざんバカにしくさっていましたので、どちらかといえば、わたしの方がガラが悪い、態度のデカすぎる被疑者でした（Kくんには、最後の取り調べの後、「風邪ひかないように、体を大事にしてね」とあたたかい言葉をかけてもらいましたが、「うるせぇ！」と言って別れました。Kくん、すまんこ）。

……わたしは元々自分の言いたいことも言えない臆病な性格だったので、今、自分でこう書いていても信じられません。子供の頃はいじめられても言い返せず、後になって「あぁ言えばよかった」とウジウジするタイプでした。

それなのに、良いかどうかはさておき、わたしは2回の逮捕勾留を経て、自分よりガタイのいい刑事を「おまえ」呼ばわりし、アメリカ人のように自分の主張をガンガンするようになっていました。

それは取り調べという、常に周りは敵だらけの中、不利な供述調書をとられないよう神経をとがらせ、いやなことをされたらとっさに言い返す「訓練」を自然と受けて鍛えられていたから。

これ、何かに利用できませんかね。

たとえば押しが弱いのに会社で営業に異動になった人や、海外勤務になった人に向け、「リアル留置場取り調べ体験6泊ツアー」といったオリエンテーションやプログラムに、いかがでしょう？　言うべき時に言い返せる瞬発「怒」力を必ず養えますよ。

10 笑い涙の面会タイム

わたしが留置場でのこうしたストレスに耐え、持病の痔が悪化するくらいふんばれたのも、外でわたしのことを応援してくれる家族や友達や弁護士や支援者の励ましがあったからでした。

特に友達の1人は、仕事を辞めて現在は家事手伝いをしているので比較的時間に余裕があり、毎日面会に来てくれました。で、その時に衣類をわたしに差し入れてくれようとするのですが、留置場の変な衣類ルールで、まったく入らない。

彼女は、それら入らなかった衣類を面会室のガラス越しにいちいち見せてくれました。脇にスリットが入ってるから駄目と言われたトレーナーには2人して、「こんなことで駄目なのー?!　バカじゃね?!」とわたしを監視している看守を横目に大爆笑。そうやって笑っていると、自分の置かれた不条理な状況全てを一瞬でも忘れることができました。

また、わたしは離婚していますが、元夫がなんと面会に来てくれました。しかもわたしの父と一緒に。

せっかく来てくれてうれしいのに、その組み合わせのおかしさに手を叩いて笑ってしまいました。自分が言うのもなんですが、別れた妻が逮捕されたら逆に二度と関わりたくないと思うだろうに、その妻のお父さんも連れ、面会に来てくれたのです。あんた、どんだけやさしい人なのよ！

ゲラゲラ笑っているわたしに父も呆れていましたが、「落ち込んでないだけマシだ」と後で言っていたそうです。

ファンだという方からの、生け花のプレゼントもありました。

お花が枯れないよう延命剤も付いていて、お気持ちがとても嬉しく感動しましたが、当たり前ですが雑居房内には生け花を入れられません。仮にあの殺伐とした部屋にいきなりお花が入ったら……。そのシュールな様を思い描くと何かおかしくてますます含み笑いが止まりません。

弁護団の先生方との面会も、このシチュエーションが2度目なだけに緊張もゆるみ、「また入っちゃいましたね～」とお互いトホホ笑いしっぱなし。

弁護団の1人の藤元達弥先生は、みんなで酉の市に行った時にわたしがおみくじで大吉を引き当てたのを覚えていて、

「あの大吉って、これのことですかね！」「大当たりですね！」

なんて冗談を言い合いました。

だからでしょうか、来てくれたどの人にも言われたのが、

「ぜんぜんへこんでないね」

「なんか、お肌ツヤツヤしてない？」

そりゃあ毎日怒ったり笑ったりしていたら忙しくてへこむヒマもありません。

常に興奮しているので、脳細胞も刺激され、嫌でも生き生きしてきます。わたしはそのうち『留置場 de 超絶美肌』『魅惑の留置場エステ』といった美容本も書いてみたいです。

11　あの人が来てくれた！

面会では、もう一つ忘れられない嬉しい出来事がありました。以前、週刊誌の対談でお会いした映画監督の園子温さんが、なんと西が丘分室まで面会に来てくださったのです。

わたしは4年前から園子温監督のファンで、『愛のむきだし』『冷たい熱帯魚』は何回も観るほど大好きな作品です。

対談でお会いできただけでも夢のようでしたが、まさか留置場まで励ましに来てくださるとは思いもしませんでした。

「次の作品は、警察を舞台にしようと思っててさー。刑事と婦人警官がハプニングバーに潜入捜査するんだけど、楽しくてハマっちゃうの」

監督らしく、ここに来たのもネタ探しを兼ねてでしょう。わたしをきっかけにおもしろい留置

場のシーンが生まれるなら、こんなに嬉しいことはありません。

ただ、大好きな監督にお会いするのに、こっちは風呂にも入れず髪はボサボサでノーメイク。憧れの人に会う晴れやかな日ぐらいおめかししたかったです。

監督に「同じ部屋にはどんな人がいるの？」と聞かれたので、看守に怒られない程度に説明したら、監督らしくコロンビア人の巨乳の話に一番食いついていました。

監督は差し入れにたくさん本を持って来てくださいました。

「やっぱさ、こういう所だから、人生の3分の2くらい獄中で過ごした人の本がいいかと思って」

そういって、サド侯爵の本や大正時代のアナーキスト・大杉栄の自伝本などを入れてくれました。獄中にいる人に獄中系の本を差し入れるところもさすが監督です。大好きな監督の詩集も入れてくださり、テンションが超あがりました。

そして、思った以上に、わたしはそれらの本にもとても励まされたのでした。

12　わたしを励ましたサド

サド侯爵は、サドマゾの語源になった変態セックス小説を書いた人。その手の文学には興味がないので、差し入れにいただかなければ澁澤龍彦氏の書いた『サド侯爵の生涯』というこの本も手にしなかったでしょう。

大、大、大好きな♡

園子温監督が面会に来てくれた♡

そっかー
同じ部屋に
コロンビア人の
巨乳も
いるのかー♡
余計なこと
言わないの
カントクー♡
レンタルのヘアーゴムで
せいいっぱいのオシャレ
面会のときは必ず
看守に見張られる
メモとってるフリ
して何も書いてなかった
6d745. 2015

しかしわたしは予想以上にその本に励まされたのでした。

サドは変態だったけど、偉大な芸術家でした。

後に、園監督が雑誌のコラムで「ろくでなし子にサド侯爵の本を差し入れたら、感動しました！　と喜んでいたけれど、あんな変態小説家に感銘しちゃうなんて大丈夫かな？」と心配されていましたが、監督、わたしが励まされたのは、サドの変態セックス小説ではなく、サドの生き様です！（笑）

サドは、その文学作品をすべて獄中生活の中で書いていました。

娼婦に無理やり折檻したりアナルセックスをしたかどで逮捕され（当時はアナルセックスがなんと死刑の時代！）、その後も懲りずに性的な事件を起こし、人生の大半を獄中で過ごすことを強いられたのです。

無理やりはよくないけど、アナルセックスぐらいで牢屋に何年も閉じ込められるのは酷な話です。しかも侯爵という貴族の身分なら、刑を軽くすることもできそうなのに？

サドが長らく獄中生活を強いられたのは、サドの義理の母の差し金でした。サドがあまりに変態すぎて世間体が悪いので、牢屋に閉じ込めておけば問題が起きないだろう、と家族の方から国にお願いしたのです（サド、かわいそう）。

牢屋の中でのたのしみと言えば「書くこと」しかなく、サドはその変態性欲を紙にぶつけた。

だから彼の文学作品は普通の貴族の人生であれば生まれなかったかもしれません。

この西が丘分室の中で「書くこと」の大切さを実感したわたしには、サドの執筆への情熱がすんなり理解できました。


それから、サドとわたしの今の状況はちょっと似ていることにも気づきました。

サドは自分の素直な欲望を紙の上に実現しただけでも何度も逮捕されました。尼僧に十字架にツバをはかせたりうんこをさせるようなキリスト教を侮辱する作品ばかりでしたが、人間の素直な欲求を虐げる当時の社会通念や国家権力への挑戦ともいえます。それって、

「まんこはなぜ駄目なの？」

と素朴な疑問をもって作品作りをしていたら逮捕されてしまったわたしとまさに同じです（わたしは結果的に合計30日しか勾留されなかったので、サドの長年にわたる受難に比べたら屁でもありませんが）。


刺激的なサドの作品は人々の話題を呼びベストセラーとなりましたが、当時は堂々と販売すると逮捕されるため、サドは長らく別人を装っていました。

当時の文壇もサドの作品を蔑み、「下品極まりない」「あんなものは芸術じゃない」と全く認めませんでした。

こうしてサドはずーっと忘れられた存在でしたが、１００年以上経ってから急に再評価され、今では普通に本屋で文学作品として売られています。

わたしもまさに今、サドと同じようなバッシングを浴びています。

だからこそ、サドのように、あと何十年後にはわたしが言いたかったことをわかってくれる人が今より増えているかもしれない、というほのかな希望の光が心に灯りました（サド作品ファンの人に、まんこと一緒にすんな！　と怒られるかもしれませんが）。

嫌われるものの方がより強く残るのです。ならもっと嫌われなくちゃ駄目だ！　わたしなんて、ぜんぜんまだまだ。

わたしは長びく勾留生活でめげそうになった時、サドのことを考え自分を励ましました。そして、外に出たらもっとおかしくて嫌われるようなすごい作品を作ろうと思いました。

ちなみに、サドはその変態性欲や作品のせいで残酷な人間のように見られがちだけど、実際は穏やかで公平な人でした。それはサドの晩年、フランス革命によって貴族が弾圧された際、自分を牢屋に入れて苦しめ続けた義理の母の死刑判決を却下するよう嘆願書を出していることでも明らかです。

作品が過激で残酷だからといって、その作者もそうだとは限らない。これも多くの人がおちいりやすい思い込みです（わたしもまんこのアートをしているからと、露出狂とか異常性欲者呼ばわりされたりしますが、実際は発酵料理と５００円玉貯金が趣味のいたって地味な人間なんですよ～）。

13　留置場で学んだ獄中哲学

「まぁ～、この人ほど留置場でも全然めげてない人はいないよね」

保釈されてから、わたしの弁護団のメンバーである山口貴士先生に言われた言葉です。たしかに勾留されたトータル約30日の間、わたしは逮捕されたことを嘆いたり絶望を感じたりしたことはほとんどありませんでした。

過ぎてみると、我ながらあんな所でよく頑張れたなぁと思います。見かけによらずバイタリティあるね、とも言われます。警察も、おそらくわたしならすぐに罪を認めて罰金払って釈放、一件落着～！　と簡単にことが運ぶと思っていたでしょう。

ところが「ろくでなし子」のくせに、わたしはしぶとい女でした。ろくでもないわたしが勾留生活中くじけず意志を貫き通せたのは、いったいなぜでしょう？

ポイントを四つにまとめました。

一つ目のポイントは、**「何もないは一番強い」**。

警察は、わたしが貧乏でどこの組織にも所属しない独身の女という、この社会では最も弱い底辺の人間だから簡単に逮捕したのだと思いますが、逆に言えば、わたしは弱いからこそ助かったのです。

「何も失う物がない」

これほど最強なものはありません。

失う物などないのですから、勾留が長引こうが、テレビで晒されようが、どうってことはありません。

わたしが会社経営者だったり、もしくは子供がいたりしたなら、世間体やスタッフや我が子のことを考え、少しでも早く留置場を出ようと無実の罪を背負ったかもしれません。

どこにも見栄を張る必要のないわたしは、だから最後まで頑張れたのです。見栄や体面を気にする人たちばかりの警察には思いもつかなかったのでしょう。

二つ目のポイントは、**「今に集中」**すること。

同じ部屋の愛されキャラさんは、時々泣いていました。

「なんであの時、検事にああ言ってしまったんだろう」「なんで刑事のデタラメな調書にサインしてしまったんだろう」「なんであのお店を早く辞めなかったんだろう」

へこみすぎて血尿が出るほど体調を崩していました。

でも、わたしにはどうしてもわからない。過ぎたことをいくら嘆いても、元には戻れないのです。

そんなことに時間を割くより、この瞬間をどう生き抜くかを考えたい。わたしはこの先、健康なら50年くらいは生きるだろうから、考えるべきことは山ほどあります。

過ぎたことをクヨクヨしないのは、わたしの数少ない長所のひとつです。

三目のポイントは、**「忙しくすること」**。

これはわたしの職業が漫画家だからなのですが、

（これで漫画が描ける！）

そう思った瞬間、起きた出来事は心のネタ帳にメモ。メモをとっていたら忙しいので、悩んでいるヒマはありません。

それから、西が丘分室では「書くこと」が制限されているため、書けない時間は必死で記憶力のトレーニングをしていました。毎日出されるお弁当のおかずを一個一個記憶し、お弁当を見ずに空で言えるよう訓練しました。

そうやって日々頭を使っていたので退屈しないで済みました。前にも書きましたが、ヒマは一番人を腐らせるのです。

四つ目のポイントは、わたしが人生で一番大事にしていること。

「なんでも笑い飛ばすこと」ですが、これは長引く勾留生活の中で一番役立ちました。

後にもふれますが、わたしの父は下ネタが大好きで「ちんこまんこ音頭」なるものを娘の前で踊りだすような人でした。

♪あ、そ〜れ、ちんこまんこちんこまんこちんこちんこまんこまんこ……♪♪

深刻な時ほど父のちんこまんこ音頭を思い浮かべると、一瞬でもその悩みがどうでもよくなることに気づいてから、わたしはくだらないこと、ふざけたこと、笑えることを心のよりどころにしてきました。それらは重く張りつめた空気をぶちこわす力があるのです。

そうは言っても、犯してもいない罪での逮捕と勾留はさすがにへこみます。特に、7月の最初の勾留では気が動転しましたし、家族や友達とも突然離され、とても不安でした。

これからわたしはどうなるんだろう？　こんな所を早く出るため、罪を認めた方が良いのでは?!

だから、当番弁護士に来てくれた須見健矢先生に初めて会うまでは、わたしは罪を認めてさっさと出るつもりでした。

しかし、わたしが罪状説明をしていると、まんこのアートで逮捕というあまりのくだらなさから、須見先生がプッと吹き出したのです。

（あ、この状況って、笑えるほどバカバカしいんだ）

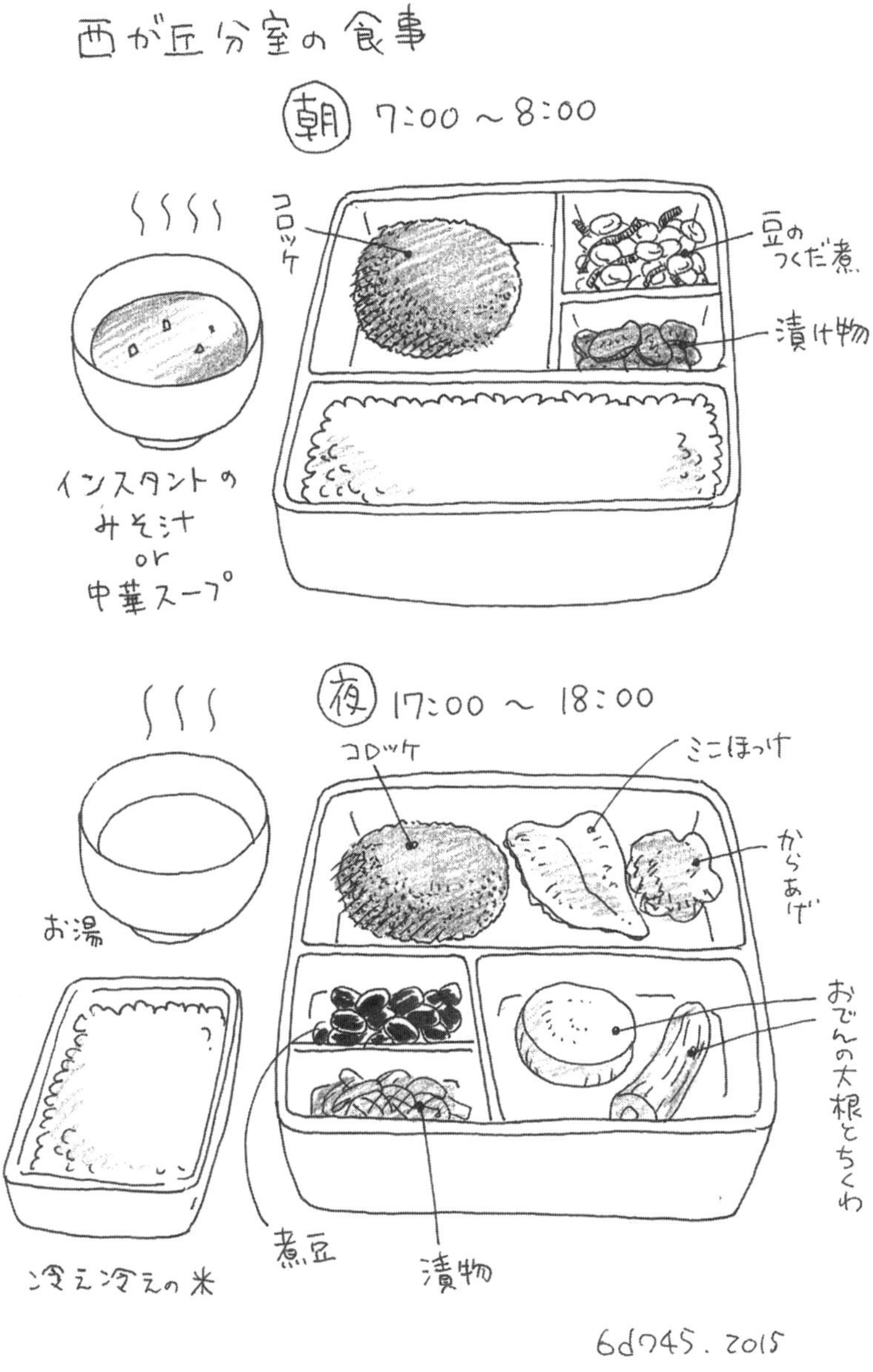
西が丘分室の食事
朝 7:00〜8:00
コロッケ
豆のつくだ煮
漬け物
インスタントのみそ汁 or 中華スープ
夜 17:00〜18:00
コロッケ
ミニほっけ
からあげ
お湯
おでんの大根とちくわ
冷え冷えの米
煮豆
漬物
6d745. 2015

その瞬間、わたしは忘れていた大事な何かを取り戻すことが出来たのでした。

わたしはここ西が丘分室でもあの時のことを教訓にし、気分が暗くなったら心の中で「あ、それ、ちんこまんこちんこまんこ～♪」とあのバカな音頭をつぶやき、面白いことやくだらないことを考えるようにしていました。

偶然ですが、愛読したサドの伝記本の中にもこういう記述がありました。

「ユーモアとは、自分を苦しめる現実を我が身に近づけないようにする機能である」ジークムント・フロイト。

14　雑居房は日本の貧困バロメータ

獄中哲学のついでに、もう一つ思うことがありました。

ここで過ごした仲間たちは、「犯罪」を犯したと疑われてここに入れられましたが、彼女たちの疑われている「罪」とは、果たしてそこまで重いものでしょうか？

コロスケさんは最近までまじめに更生施設に通い、覚せい剤中毒から抜け出そうとしていた矢先、夫が覚せい剤で捕まり、子供もいるのに生活保護も支給してもらえず、食うに困り、仕方なく自らシャブを打って自首したそうです（自分が捕まれば子供は施設に保護されとりあえず生活はできるから）。

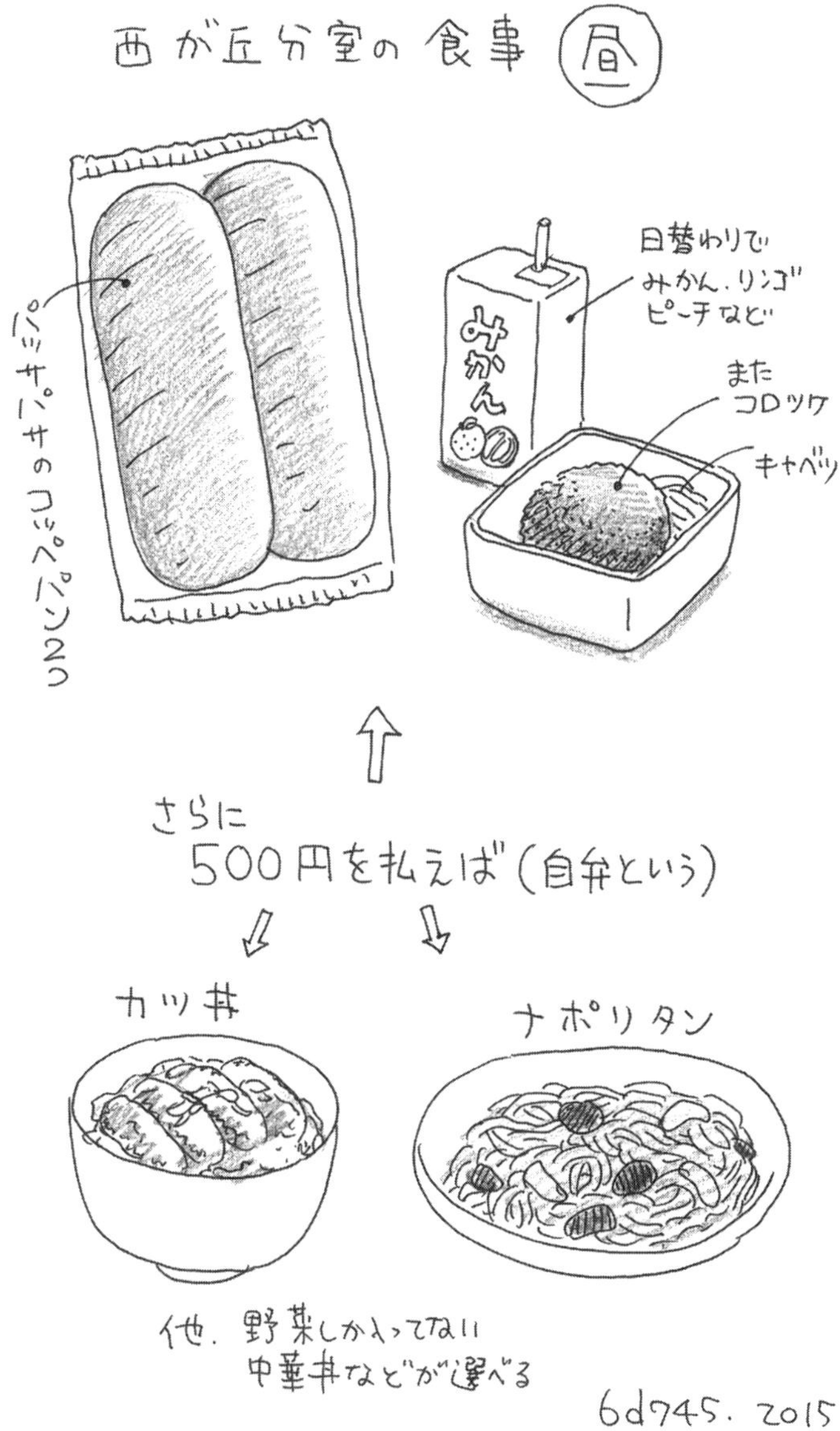
西が丘分室の食事 昼
パサパサのコッペパン2つ
日替わりで
みかん、リンゴ
ピーチなど
みかん
また
コロッケ
キャベツ
さらに
500円を払えば(自弁という)
カツ丼
ナポリタン
他、野菜しか入ってない
中華丼などが選べる
6d745. 2015

風俗店の名義貸しをしたオシャレさんは、生活費が欲しくて文字通り名前を貸しただけ。

万引きで捕まったパートさんは、旦那さんが病気で働けなくなり、朝晩パートタイムをして働き詰めの毎日で、つい1200円の耳栓を万引きしてしまっただけで留置場です。

スナカケさんは、しょっちゅう誰かと喧嘩するほど性格が悪いせいか、ご家族の誰にも身元引き受け人になってもらえない気の毒な人でした。そのくらい孤独では生きていくのも不安でしょう。生活保護を不正にネコババしたくなる気持ちもほんの少しはわかります。

わたしと言えば、自分のまんこをモチーフにアート作品を作っていただけです。

そういえば、コロスケさんも、パートさんも、42歳のわたしと同世代。

子供の頃、日本は経済大国でした。首脳会談で欧米諸国の大統領を差し置きガンガン前に乗り出していた中曽根首相のニュースは今でも鮮明に覚えています。メッシー、アッシー、ミツグくん*など、今では信じられない人たちもいました。三十数年後、日本がまさかこんなに不景気で、自分の明日の生活もままならない人たちと留置場で過ごすことになるとは、小学生のわたしは思いもしませんでした。

がんばって働いても働いても、貧乏で孤独……そんな不安だらけの社会にいたら、弱者が「犯罪者」になっても仕方ありません。

むしろそんな社会の方がおかしいとわたしは思います。独身でフリーターのわたしこそ、将来が不安だらけの弱者ですから。

そんなふうに、ここ西が丘分室では女性の貧困についても考えさせられました。スナカケさんが誰かにふっかける喧嘩とそれを止めに入るコロスケさんの怒号をＢＧＭに……。

注：メッシーくん：ご飯（メシ）をおごってくれる男性。

アッシーくん：車で送り迎えしてくれる男性。

ミツグくん：何でもプレゼントし、貢いでくれる男性。

不景気の今では絶滅してしまいましたが、バブル時代の日本ではこのような男性が生息し、女性たちを喜ばせてくれたものでした。

15　留置場の「不在者投票」でもウソをつく看守たち

勾留中は自由を奪われ辛いことばかりでしたが、珍しい体験もしました。ちょうどわたしが逮捕された日から11日後の12月14日には衆議院議員総選挙も控えており、勾留されたその日、看守にこう聞かれました。

「不在者投票する？」

たとえ逮捕され留置場にいる人でも、日本国籍の人には衆議院選挙に投票する権利は保障されています。わたしはもちろんお願いしました。

できれば選挙の前までに釈放されてシャバで投票したいけれど、留置場で不在者投票というのも滅多になくてオツなもの。

わたしの勾留は裁判所の決定で残念ながら延長になりましたので、12月10日の朝、わたしだけ別室に連れていかれ、投票しました。自分の投票したい政党や候補者の名前を書いた紙を袋に入れて看守に提出しただけであっけなく終わりましたが、投票結果に留置場にいるわたしの1票も加算されていると思うと嬉しかったです。後日、留置場の中で読んだ新聞の見出しに「自民圧勝！」とあったのを見て心底ガッカリしましたが。

部屋に帰り、そういえば部屋のみんなは選挙したの～？　と尋ねると、全員が棄権したと言います。わたしが不思議がると、不在者投票をする時に看守にこんなことを言われたので怖くてやめた、とみんなが言うのです。

「あなたが不在者投票をすると、市役所や区役所の人にあなたがここにいることがバレちゃうよ～？　それでもいいの～？」

公務員が誰かの個人情報を悪用することは犯罪です。そんなことは警察が一番知っているはずなのに、なんと愚かな脅しでしょう。何も知らない人ならビビって選挙を棄権するに決まっています。

いったいなぜそんなウソを被疑者に言うかといえば、おそらく、不在者投票をしたい人が増えたら看守の雑用仕事が増えて面倒だから……。本当にムカつきます。

看守たちがわたしには脅しを言わなかったのは、後で漫画や本にしてネタにされたら困るからでしょう。ここで晒しておきます。

16 勾留理由開示裁判で「言い方を工夫しなさい」とまんこに怯える裁判官

23日間の留置生活の中で、わたしは法廷にも立ちました。「勾留理由開示」という、被疑者のわたしはなぜこんな所に留置されなきゃならないの？　おかしくね?!　というような不満を法廷で訴えることができる裁判です。

前の晩、「今一番言いたいことを言ってください」と弁護団に言われ、長々と記した自分の主張メモを持参し、張り切って法廷に立ちました。

小さな法廷でしたが、傍聴希望者が125人も集まり傍聴券が出たそうでした。ちらっと傍聴席を見ると、お父さんや運良く傍聴券をゲットした友人知人がいました。

わたしはかつて、裁判の傍聴漫画を描いていたこともありました。あの時は傍聴席に座っていましたが、まさか、自分が観られる立場になるとは……。

これが普通のイベントなら、わたしは「まんにちはー！」と手を振りにこやかに登場するのに、「法廷で被告人が笑っていると不謹慎とみなされるので、絶対笑わないでください」と弁護団が口を酸っぱくして言うので仕方なく真顔でい続けましたが、こみ上げる含み笑いを抑えるのが大変でした。

裁判官や検事や弁護士の簡単なやりとりの後、いよいよわたしの意見陳述タイムがやってきました。わたしはずっと待っていました、法廷で「まんこ」と言えるこの瞬間を……。

できるだけ滑舌よく、裁判官や検事や傍聴席の皆さんの耳に届くよう、大きな声で自分の主張をしました。すると、わたしが「まんこ」と言った瞬間、裁判官がうろたえました。

「その言葉を使い続けるなら、発言を制限します！」

即座に弁護士の山口先生が、「これは被疑者の大事な主張部分なので、このまま発言させてください！」と異議申し立てをしましたが、裁判官は頑なです。ふてくされた顔をしていた検事も異議申し立てを却下しました。

しかしわたしはこの裁判官の言葉狩りこそまさに疑問にしてきたテーマだったので、発言を辞めるわけにはいきません。意地になってまんこを言い続けると、

「言い方を工夫しないと退廷を命じます！」

裁判官、怯えすぎ。工夫ってなんでしょう？　まんこの前に「お」を付ければいいのかな？

この状況、ものすごくバカバカしいなぁ〜。と思ったのですが、まだわたしの主張は半分も話しておりません。退廷させられないよう仕方なく「女性器」と言い換えましたが、いっそのことまんこを言い張り続けて退廷になった方が最高のエンターテインメントになったかも、と後でち

勾留理由開示公判時にて
「まんこ」という三文字を口にするだけでも怒られたり……
被告人は言い方を工夫しなければ退廷を命じます!!
異議あり!!
……
ケッ
意見陳述書
まんこ まんこ
まんこ まんこ
ちんこ まんこ
まんこ まんこ
まんこ
まんこにおびえる裁判官…
6d745、2015

ょっと後悔しました。

「まんこ」と言えなかったこの時の意見陳述書をここに載せておきます。

●意見陳述書　平成26年12月22日　東京地方裁判所裁判官殿

ろくでなし子こと五十嵐恵

私は、事実関係については争っていませんので、何故勾留されるのかわかりません。また、証拠隠滅のおそれと言いますが、私は私の活動をはじめて以来、自分のブログやTwitter、Facebook等で大々的に宣伝してきました。今更、隠滅の仕様がありません。

逃亡のおそれとありますが、私はむしろ私の作品がわいせつではないことを裁判で堂々と証明したいのです。逃亡する気など更々ありません。

付け加えますと、私は自分の体の一部にすぎない「まんこ」が何故日本では悪いもの、汚らわしいものとして嫌われ、「まんこ」という三文字を口にするだけでも怒られたりおそれられたりするのか疑問に思い、この活動をしてきました。同じ性器でも、男性の「ちんこ」はＯＫなのに、女性の「まんこ」はＴＶでタレントが口にしただけで番組降板にされる。おかしいと思います。私は自分が作品を作れば作るほど、人が生まれてくるこの場所だからこそ、むしろ大切にすべきなのに、その逆の扱いをされることに怒りを覚え、その怒りをバネに、楽しく明るいまんこ作品を作ってきました。

だから私の作品はまんこをかわいくデコレーションしたものや、ジオラマを乗せた愉快なもの、iPhone カバーやボートなど、楽しく笑える作品ばかりです。そうするうちに、私の活動を応援してくれる人たちがどんどん増えてゆきました。ですから、私の作品などを「わいせつ」と決めつける警察にとても驚きましたし、納得がいきません。

もう一度言いますが、私は、事実関係は全てお話ししていて、わいせつ性以外を争うつもりはありません。私は断じて証拠隠滅をすることもないし、逃げることもありません。はっきりと誓います。私は私の作品は「わいせつ」ではないという事を裁判によって堂々と証明したいのです。

なのにこうして勾留されていることについて納得いきません。裁判官におかれては、どうか私の言葉を信じて、考えを改めて下さいますようお願いを致します。

最後になりますが、傍聴に来て下さった皆様には、お忙しい中、私の勾留理由開示を傍聴しに来て下さり、本当にありがとうございます。

以上

第3章　ふたたびシャバへ

1　普通の生活は極上の贅沢

西が丘分室に来て、かれこれ23日が経ちました。即時釈放の願いも空しく、２０１４年12月24日のクリスマスイブの日、わたしは起訴されました。起訴されたからには裁判がはじまります。（わたしはこんなくだらないことで犯罪者にされてしまうの?!　いったい、この国の偉い人たちはどこまで頭がおかしいの???）

しかもあれだけ強硬な態度の検事や裁判官を思うと、起訴後すぐに提出した保釈申請も認められず、お正月中はもちろん、最悪勾留されたまま裁判を受ける可能性があると弁護士の先生方に言われました。

刑務所ではお正月には特別料理やお菓子が出るとコロスケさんは教えてくれましたが、留置場ではそんなものは一切ないのだそう。年末年始はいつもと変わらずコロッケ弁当。年越しそばもおせち料理も食べられず、いつもと同じ21時就寝。12月25日から1月5日までは留置場が正月休みに入るからと、面会もできないのだそうです。刑務所の方がよっぽどマシです。

ただ、わたしもこの20日間以上ずっと、怒って怒って怒り疲れてしまいました。怒ると体力を奪われます。今の状況はとても理不尽だけど、無駄に怒るのは辞め、それまで刃向かっていた看守たちにも素直に従うようになりました。

たとえ年越しもここでするとしても、いつかはシャバに出られるのだから、その時盛大にネタにすればいいや、はぁ……。

もはや諦めの境地に入っていたわたしは、起訴から2日目の12月26日に突然釈放されたことをしばらく現実として受け取れませんでした。

7月に釈放された時もそうでしたが、二度と手錠もかけられず、誰にも命令されず、番号でも呼ばれない、ごくごく普通の生活が、しみじみありがたく感じました。今では好きな場所にも出歩けるし、ちり紙も好きなだけ使えるし、手紙や絵も自由に描ける。年末年始は年越しそばもおせち料理も食べられます。

なんという贅沢!!!

おかしな話ですが、わたしは逮捕されてはじめて「普通の生活ほど幸せなことはない」と気づくことができました。

不当な逮捕と起訴には今でも納得がいきませんが、留置場では書くことの大切さに加え、忘れかけていたこのような大事な気づきを得ることができたので、その点は警察に感謝しています。

また、逮捕勾留される状態は災害や戦争が起きた場合とも似ています。なんでもないようなことが幸せだったと思う～♪という歌もあるように、幸せな日々とは、失って初めて気づくものです。災害は止められませんが、戦争は防ぐことができます。

この国が戦争などせずいつまでも平和でありますように……。

わたしは逮捕された人なのに、この国の平和を強く願いました。

2　それでいいのか、日本のメディア

逮捕された時に脱がされた衣類にまた着替え直し、たくさんの留置場記念グッズを戦利品のようにお土産に抱え、署の玄関に連れて行かれたわたしは、そこで待っていてくれた友人や父に再会しました。

驚くことに、西が丘分室は留置場施設のみの警察署ということで、待ち合わせ場所というのがわざと設けられておらず、椅子ひとつありません。看守たちがわたしを待っていた父や友人を、

「早く出ていけ」

と追い返すので、わたしたちはあやうく会うことができなくされそうでした。どこまでもひどい所でした。

やっと親しい人たちにガラス越しではなくじかに会えて嬉しいのもつかの間、

「なし子ちゃん、外にテレビの人たちがいる」

窓を見ると、たしかにカメラを抱えた報道陣のような怪しい人が何人かいます。マジかよ〜、化粧もちゃんとしてないのに……！

釈放されたらすぐに釈放会見をしようと弁護士とも打ち合わせをしていたのでその時に来ればいいのに、本当にいやらしい人たちです。


15時の釈放から5時間後の20時、わたしは改めて弁護士事務所を借りて釈放会見を催しました。会見前の解放感にあふれていた時に知ったことですが、7月にわたしのことを「自称芸術家」と報道したメディアの一つは、12月の逮捕時、信じられないことにわたしの住所の何丁目何番地まで晒していたそうです。それに気づいた弁護士が抗議してやっと消されたそうですが、この表記のまま18時間晒されていました。わたしは一部の人たちに憎しみをこめて嫌われていますので、住所を特定した頭のおかしな人に危害を加えられたらと思うとゾッとします。凶悪犯罪者でもない人の個人情報を晒しても平気でいられる神経を疑います。

だいたい、7月の時は逮捕されたニュースはさんざん垂れ流したくせに、釈放会見のことは取材に来ていてもテレビではどこの局も取り上げませんでした。みなさん、ジャーナリストとしての誇りなどかけらもないのでしょうか？

そういうこともされたので、わたしは日本のメディア（特にテレビ局）を信じられなくなりました。

ただ、７月の釈放会見時に比べ、12月のこの釈放会見ではいじわるで無理解な質問もあまりなく、どちらかといえばわたしに同情的な空気を感じました。

テレビはあまり取り上げてくれなくても、わたしの言葉をきちんと伝えてくださるニュースサイトもありました。弁護士ドットコムや、logmi（ログミー）や、一部の新聞など……。わたしはほんの少しだけ希望を持てました。

3　日本とはまったく違う海外メディアの目

日本では理解されないわたしですが、海外の人たちはぜんぜん違いました。逮捕以前から、わたしの作品は、２０１２年６月、シアトルのエロティック・アートフェスティバルにて正式に出典作品に選出されたり、２０１３年秋にはオランダのテレビ局にも取材されました。

日本では、わたしの作品を観た人は、それがいやらしさを喚起するような作品ではないにもかかわらず、すぐ「エロい」とか「いやらしい」とか言いますが、海外の人たちは「ユニークだね」「楽しいね」「フェミニズムアートですね」と、話が早い。

これはやはり、日本人は「まんこはいやらしいもの、良くないもの」というイメージを刷り込まれて生きてきたのでどうしてもその偏見から抜け出せない、というのをよく表していると思い

日本の反応
マジキチヤベェ〜
キモッ
こんなもんアートじゃない
下品
海外の反応
ユニークデスネ!
フェミニズムアート♡
LOVELY
Awesome!
(スゴイ)

6d745、2015

ます。

釈放記者会見でも、海外メディアの人たちだけは、こう言います。

「なぜこんなことであなたが逮捕されなくちゃいけないの？」

「医学的にも正しい人間の女性の性器が、どうして犯罪なの？」

「日本ではセックス産業が発達していてあなたのやっていることよりも過激な性表現がたくさんあるのに、なぜそっちはスルーなの？」

「かなまら祭り（巨大な男性器を象《かたど》った神輿《みこし》を担いで練り歩く川崎のお祭り）はオーケーで、なんでまんこアートは駄目なの？」

どの質問も、全てわたしが警察に問いたいです。

日本では常に性的な情報があふれています。電車に乗れば男性週刊誌の刺激的で卑猥なあおり文句が書かれた中吊り広告が目につくし、コンビニでは女性が裸同然の表紙やセックスしているところを連想させる表紙の本が堂々と売られ、ちょっと繁華街に行けばケバケバした風俗店舗がたくさんあり、外国人から見ればとても性にオープンな国でしょう。

ところが、女性が表現するまんこのアートでは逮捕されてしまう。男性の性欲にはどこまでもおおらかなくせに、女性が自分を自由に表現するのは許されない、男性社会の国なのです。

これは日本に長らく住んでいる日本人のわたしたちは当たり前すぎてなかなか気づかないことですが、外側にいる外国人には奇異にうつるでしょう。

わたしの逮捕について、ニューヨークの「ザ・デイリー・ショー」というニュース番組ではアニメーションまで作っておもしろおかしく紹介していました。

「我が国（アメリカ）はいろいろ問題をかかえているが、芸術家が自分の性器を３Ｄプリントした容疑で逮捕するよりマシだな」

こんなふうに、わたしの逮捕は海外では「日本の警察ってバカじゃないの？」という認識を深めさせただけでした。

また、ＢＢＣ、フランス10、ロイター、『ガーディアン』、『ウォールストリートジャーナル』、『ジャパンタイムズ』等の主要海外メディアがわたしの事件を取り上げてくれたので、わたしの名前や活動内容や「ＭＡＮＫＯ」という言葉は世界中に拡散されました。

わたしは逮捕される前、２０１３年の目標は「まんこを世界に拡散する」と決め、自分のポートフォリオ（作品集）を作って世界の美術館にメールしようと準備していたのですが、その手間がおおいに省けたことは警察に感謝したいと思います。

4　逮捕で人気急上昇?!

逮捕されてから、わたしの人間関係はすっかり変わりました。「逮捕＝犯罪者」というダーティなイメージに、わたしのもとから潮が引くように去って行った友人・知人たちは少なくありませんでした。

「ろくでなし子に関わると会社をクビにするよ」

と上司から言われたという編集者もいました。

わたしは自分が悪いことをしたとは思っていませんし、被害者もいない事件なので、そのような反応をする人々をとても残念に思いますが、今の日本の「常識」では仕方ありませんし、そうであろうことは留置場にいた時おおむね予想はしていました。

しかし、シャバに出た時、わたしは驚いてしまいました。わたしのファンだという人たちが急に現れ出したのです。

まず、「この逮捕はおかしい、ひどい」と憤り、泣いてくださった方々の話をたくさん聞きました。わたしが長期にわたる勾留にもめげずに自分の主張を貫いたことを「よく頑張った」と褒めてくれたり、「面白いことをしている人がいる」と興味を持ってくれる人も現れました。

昔なら、わたしに石を投げ無視する人たちしかいませんでしたが、今ではろくでなし子支援団も立ち上がり、わたしの闘いは孤独ではなくなりました。

昔なら、まんこの作品に興味を持つのは一部のエロ目的のおじさんたちばかりでしたが、たくさんの女性が応援してくれるようになりました。

事件をきっかけに、わたしの活動が広まった。これはうれしい誤算でした。

しかも、それらの人たちは日本だけでなく、アメリカ、フランス、カナダ、オーストラリアなど、世界中に存在するのです。

この原稿を書いている今日（２０１５年2月）も、Twitterでは「犯罪者がまんこなんか晒しやがって！」と罵られている同じ時間に、米国のニュースサイト「アートネット・ニュース」では、社会のタブーを打ち破る女性アーティスト10人に選ばれたり、フランスのテレビ局canal＋（カナルプラス）の「ル・プチ・ジュルナル」というニュース番組では、わたしのキャラクター「まんこちゃん」が楽しく紹介されました。

インタビュアーのマルティン君は、まんこちゃん着ぐるみを見るなり「かぶりたい！」と言い、着ぐるみ姿で撮影することになったのですが、「こんなにまんこの中に入っていたのは人生で初めてだ」と言うマルティン君のフレンチジョークにカメラマンが「んなことねーだろ！」とつっこみを入れるような、ほのぼのした撮影でした。その番組を観たフランスの方々からたくさんの応援メッセージをいただきました。

日本っていったいなに時代だよ？　と思わずにいられません。

5　米国慈善団体「クリトレイド」からのうれしい依頼

海外に名前が広がったことで、心から嬉しいことがありました。アメリカの「クリトレイド（Clitoraid）」という慈善団体のメンバーの方から、「女性器の貯金箱を作りたいので、ろくでなし子さんにデザインしていただきたい」というご依頼を受けたのです。

クリトレイドとは、主にアフリカで女性器切除（ＦＧＭ）をされた被害者に無料で女性器の再生手術を提供しているボランティア団体。

ＦＧＭは、アフリカの28ヶ国にて行われてきた大人の女性への通過儀礼です。これを受けることにより純潔や処女性を保てると信じられているというから驚きです。クリトリスを傷つけ除去し、性感を取り去り、女性の性欲を男性がコントロールできるようにするのが目的という、このおぞましい風習を初めて知った時、わたしはこみあげる怒りを抑えることができませんでした。自分の体を他者に勝手にふみにじられるなんて……。被害を受けた女性のことを思うたび、胸ならぬまんこがしくしく痛みます。

クリトレイドによればＦＧＭは部族的慣習である成人儀礼という名のもとに今でも行われ、現在も毎年３００万人の少女たちが被害に遭っているそうです。

わたしのデザインだけでは力不足ですが、貯金箱を見てＦＧＭ被害者の女性が笑顔になってくれたらと思い、もちろん無償で引き受けました。

クリトレイドのトレードマークのひまわりを手にするまんこちゃん。

この、ちょっとまぬけでかわいい貯金箱は3Ｄプリンターを使って製作されるそうです。

男性中心社会の日本にいるわたしはまんこの3Ｄスキャンが原因で逮捕されてしまいましたが、そんなわたしのまんこちゃん貯金箱が3Ｄプリントされ、同じように男性中心社会によるおかしな風習でまんこを痛めつけられた女性たちのお役に少しでも立てることを誇りに思います。

ＦＧＭの被害者のみんな、ガンビラ〜（がんばれ）!!

＊クリトレイド公式 HP: http://www.clitoraid.org/

6　裁判という名の最高のイベントへようこそ!

わたしは2014年12月26日に保釈金150万円を支払って保釈されました。よく勘違いされますが、これで全てが終わったわけではありません。わたしは起訴されたので、これから裁判が始まります。

警察はおそらく7月の逮捕の段階では、事を公にするのを恐れたわたしが罰金を払って一件落着するだろうと予想していたでしょうが、とんだ読み違えです。

わたしはずっと「まんこはなぜ駄目なの?」と言い続けて来ましたが、みんなわたしの言うことなど無視してきました。しかし、裁判になったら法廷で堂々とその疑問をぶつけられるのです。裁判を傍聴した人たちにもこの件を一緒に考えてもらえるマタとない絶好の機会。わたしを起訴した検事さんには心からありがとうと言いたいです。

残念ながら、日本の裁判では傍聴券を売り買いできず、録音撮影もいまだにできない謎の風習のまま。アメリカのように公開して堂々とやればいいのにと思います（1ドリンク付き1500円くらいのイベントにすればいいのに！）。

この本が出版されている頃にはわたしの初公判が始まっています。おそらく長い闘いとなるでしょう。

でも、わたしはまんこのビラビラのごとく力強く大胆に、この闘いを勝ち抜きたいと思います。裁判の日程は、巻頭にあるわたしのブログやTwitter等で告知いたします。

ぜひ、わたしの裁判を傍聴しに来てください！　お待ちしてまんこ!!

第2部

わたしのマン生（半生）

第4章　なぜ今「まんこ」なのか

1　単行本『デコまん』はウソだった!

２０１２年7月に発売された『デコまん』という、わたしの生い立ちを記したエッセイ漫画がありますす。２０１４年7月の事件以降、わたしのことをニュースや記事にする人たちの多くがこの単行本を参考にしてわたしを論じていましたが、とても困ってしまいました。

あの単行本は、ウソだらけなんです。

『デコまん』の出版が正式に決まったのは、２０１１年秋頃だったでしょうか。当時、わたしの担当編集だった方から、単行本を出す際の条件として、このようなことを言われました。

「整形手術、しかも女性器を整形というセンセーショナルなテーマで打ち出したい。整形はコンプレックスが原因でする深刻なものだから、悩んでいる女性たちに共感されるような作品にしましょう」

ところが、後にふれますがわたしがまんこの整形をしたのは、その場のノリ。珍しいから、面白そうだから、漫画のネタになるから、ただそれだけ。ビラビラが大きいのは気になってましたけど、そこまで深く悩んだことは一度もありません。

フィクション漫画ならそれでもいいのですが、実話エッセイ漫画としての刊行では、ウソをつくことになります。

「ですけど、なし子さんのこのままの物語だと、軽すぎて読者には受けないんですよ。もっと、深刻に、悩んで苦しんで手術を受けたていに描きかえなければ、単行本は出せません」

担当にそう言われたら、直すより仕方ありません。「実体験」に基づく「実話エッセイ漫画」のはずなのに、わたしは8割くらいウソを盛って描きました。矛盾したことなので筆が乗らずなかなかはかどりません。でも単行本を出すことは漫画家にとっては最大の喜び。わたしは必死で読者受けするよう悩み苦しんだ話にしました。にもかかわらず、『デコまん』はちっとも売れませんでした。

やがて漫画よりアート活動で名前が知られるようになったので、本が売れなくてもまぁいいか、と思ってましたら、わたしが逮捕されてから急に売れてしまい（今では書籍は絶版、ただし電子書籍はあり）、あの本に描いた話を本気にしている記事が出ているのを見てビックリしました。

実話とうたっているのですからしょうがない、としばらくは話を合わせていましたが、活動のきっかけはビラビラへの悩みなんかじゃありませんし、もっと言いたかった大事な話もあります。これは早く訂正せねば！　と思っていたところにこのような機会を得ましたので、これから真実を述べたいと思います。

今までウソついて、すまんこ……！

2　取り調べで振り返られた「わたしの生い立ち」

第1部第1章でも書きましたが、刑事から取り調べを受ける際、まず最初に聞かれるのは自分の生い立ちやどういういきさつでまんこアートをはじめたかという経緯について。

「いつからその作品を作ったんだ！」

と刑事にすごまれても、常にノリで生きてきたので、いちいち覚えていません。

そもそも、アートとは「さぁ、今日からアートを始めよう」なんて思って始めるものじゃないから質問自体がおかしい。

ですが、こんなふうに毎日毎日刑事に責め続けられたお陰で、自分の歴史を客観的に振り返ることができました。そうして改めて思いました。

（よくこんなに雑に生きてこられたなぁ……）

あまりに適当な人生で、我ながら呆れました。

わたしは1972年、S県の小さな田舎町に生まれました。出来のよい姉とは違い、勉強も運動も苦手、動作ものろくいじめられっ子でしたが、いじめられていることにも気づかない鈍い子供でした。

幸い、両親だけはわたしを溺愛してくれたので、わたしはそんなにねじ曲がらずに育ちました。両親は共働きで、お父さんは台所に立って料理したり庭掃除をしたり、積極的に家事に参加する（というか気の強い母に従っていた）のもあったからでしょう。フェミニズムやジェンダーの勉強をきちんと学んだことはありませんでしたが、ごく自然に男女平等が当たり前という感覚で育ちました。

だからよその家に遊びに行った時、そこの父親が食事の支度や後かたづけなどなにもしないでデーンと座っているのを見ると、ものすごく不思議でしたし、なんかイヤでした。

3　ノリの軽さは父親ゆずり

わたしのお父さんは一般的な父親像からもちょっと外れていて、娘2人の前でも平気で下ネタのダジャレをかまし、「ちんこまんこ音頭」という、どうしようもない音頭を自ら編み出し（？）娘の前で半裸で踊りだす人でした。

要するに品のないおじさんでしたが、その下ネタは、「うんこちんこまんこ」を言いたい小学生レベル。「おまえ、セックスしたのか？」「ブラジャーのサイズは？」などと具体的に娘に降りかかるセクハラのようなことは一切なかったので、不愉快なことはありませんでしたが、だからといって、いい大人がどこへ行ってもうんこちんこまんこ言っているのはちょっと恥ずかしい。まじめな母や姉は「たのむからしゃべるな！」「普通にしてくれ！」と困っていました。

わたしは父が下ネタを話すたびにゲラゲラ笑って聞いていました。たしかに「うんこ、ちんこ、まんこ」という言葉は、下品ではありますが、韻を踏んでいて愉快な気分にさせる不思議なフレーズです（そう思うのはわたしだけでしょうか？）。わたしが「まんこ」という言葉にも最初から抵抗がなかったのは父のお陰（？）です。

我が家は母が怒りっぽく、しょっちゅう夫婦喧嘩が巻き起こる家庭でしたが、そういう深刻なシチュエーションに、父の小学生レベルの下ネタがポロッと出る。「ふざけないでよ！」と、母、ますます怒る。その様子がバカバカしいので笑っていると、母もちょっと吹き出して、気づけばその場が和んでいる、ということがよくありました。わたしが真剣な怒りほど笑いに変えたがるのは、こんな家庭で育ったからかもしれません。

しかしそのせいか、わたしは父のように「うんこちんこまんこ」を言いたい小学生レベルのまま、ノリの軽いふざけた大人になってしまいました。まんこアートをノリでしてしまったのも父のせいかもしれません。この親にして、この子あり……。

あ、そーれ
ちんこ
まんこ
ちんこ
まんこ
ちんこ
まんこ
ちんこ
まんこ
父69才・・・
めっちゃ英才教育〜
6d745 2015

4　当たり前ってなんだろう？

わたしは何の取り柄もない子供でしたが、絵を描くのだけは好きでした。わたしが大学を卒業しても就職活動をしないで漫画家になりたいと言った時も、普通の親なら反対するところを、父と母はとても喜んでくれました。それは、娘の夢を応援したいというよりも、「おまえのように何もできない子が就職なんてしたらその会社に迷惑がかかるから」という理由。自分の子供が社会不適合なことを素直に認めるのはさすがです。そういう親の（ありすぎる）理解のお陰でわたしはのびのび育ったためか、常識を求められる場所では常に浮いてきました。

たとえば、親戚の集まりの時。女性だけが台所に立ち、料理や洗いものやお酌をして回ってとても大変なのに、男性はただ座って飲み食いしているだけ。おかしいので文句を言うと、「女はそうするのが当たり前なの」「それが常識なの」と伯父さん伯母さんに叱られる。理由はわからないまま。

（うちのお父さんは料理もするけどなぁ）と思いつつ、怒られるので仕方なくお酌の手伝いなどしますが、「当たり前の女性」を演じるのがなんだかとても気持ち悪い。

（当たり前とか常識ってなんだろう？　みんなそれが正しいと思いこんでいるけれど、どうしておかしいと思わないんだろう？　おかしいと思ったことを、なぜ口にしてはいけないんだろう?)

素朴な疑問を口にするたび、周りの大人たちに怒られたり嫌がられ、それがますますおかしいと思うわたしは頑固に育っていきました。

5　空気を読めないコミュ障非モテこそ身を助ける

残念ながらこの日本では「常識」を求められる場が多く、わたしは常にその葛藤と闘ってきました。

おかしいと思うことはストレートに口にするため、その度に相手に驚かれ、「空気が読めない」「コミュ障（コミュニケーション障害）」とバカにされ、のけ者になります。のけ者は辛いので、わたしは何度かこの性格を直そうと努力しましたが、やっぱり「おかしい」と思うことには素直に従えません。

つきあう彼氏ともそういう理由で別れることが多かった。悲しいことに、この日本では、言いたいことを言う女は嫌われるのです。生まれる国を間違えてしまいました。

だけど、この国はひどすぎる。わたしはお酒が好きですが、酒の席では本当によくセクハラにもあいます。一部の男性には「酒好きの女はゆるい」という思い込みがあるようで、胸を平気で触ってくる人もいます。文句を言うと「男の冗談は笑って流すのが大人の女だ!」などと逆ギレされる。なぜイヤなことをされた女がさらにイヤな思いをさせられるのか。

わたしはそういう〝酒ハラスメント〟にも当然文句を言いますが、ある飲み会では、招待された客であるわたしが侮辱されたというのに、その場を仕切っていたある社長から、

「ブスは黙って聞いてりゃいいんだよ！　出ていけ！」

とお店を追い出されたこともありました。その場にいたメンバーは誰一人助けてくれませんでした。終電がなくなった渋谷の２４６のど真ん中で腹立ちまぎれに「なんでだよーーー！」と叫んだあのやるせない思い、今でも忘れられません。

こんなふうに、空気を読まずに生きているとイヤな目にばかりあうので、損な人生だなとずっと思ってきました。


ところが、この性格で本当に良かった！　と思えたことが、人生で初めてあったのです。逮捕されて取り調べを受けた時でした。


刑事たちはよってたかってわたしを責め立て、黙秘権があることを告げず、弁護士を呼ばせず、科学捜査研究所の単なる調書を「国がワイセツと認めた検分書だ！」とウソをつき脅しましたが、わたしはそれらについて（おかしくね？）と思ったので、ことごとく全否定することができました。日頃からおじさんたちの怒りには慣れているので怖くありませんでした。

そして留置場でのひどい体験にも屈せず自分の意志を貫き通せたのも、ひとえに、わたしのこ

の不器用な性格のお陰です。

留置場の同じ部屋には、自分の頭で考えることを放棄して刑事が言う通りの不利な調書を書かれたことを最後まで悔やんでいる人が多かったです。みんな日本人の美徳である協調性など無駄に発揮しなければ後悔しないで済んだことでしょう。

わたしは今、心の底から思います。空気読めないコミュ障非モテで本当によかった！

そして、わたしのように生きづらく、空気読めないコミュ障非モテの不器用な性格で悩んでいる人にも言いたいです。

あなたはそのままで良いのです。いざという時、誰の助けもあてにならない時、あなたのその素晴らしい性格が、必ずあなたを助けます！

6　何も考えないまま大学に、そして人生最初で最後のモテ期は過ぎゆく

話を少し戻しますが、わたしは大学入学を機に、ふるさとの静岡から東京に出てきました。某私立大学の文学部哲学科。

偏差値が低くて入りやすいから受験しただけ。とりあえず大学には行っておいた方がいいと親や先生に言われたのでなんとなく入りました。

なんとなく入った割に、授業はそこそこ楽しかった。そして4年が経ち、卒業時期となっても、

なんとなく入っただけなので、わたしは自分の将来を決めることができません。

同級生はみんな「公務員になりたい」「車の会社に入りたい」「教師になりたい」「映画会社に入って制作に関わりたい」と具体的な進路を決めているのに、わたしだけぼんやりしてる。みんな、すごいなぁ……。わたしは何がしたいかなぁ？　と考えても、さっぱり浮かびません。

東京の便利な生活に慣れてしまい、いまさら田舎に帰りたくない。わたしは思いつきで「デザインの勉強をしたい」と親にせがんで適当なデザイン専門学校に潜り込み、大学卒業後も近所の不動産屋でアルバイトをしながら学生でい続けました。

しかしデザインといえばなんだか楽しそうなイメージだったのに、学校に入ったら細かい作業が必要な機械の図面引きなど退屈な授業ばかりですぐに通わなくなりました。親はわたしがまじめに学校に通っていると思い仕送りをしてくれましたが、わたしは合コンにあけ暮れる毎日でした。

今から思えば、23歳くらいは女性が一番モテる時期。合コンに行けばちやほやされ、お酒はおごってもらえるし、彼氏はすぐにできました。

将来は働くより結婚した方がラクだろうと思い、女性が安く入れるお見合い相談所に入会し、日替わりで男性と会っていました。

23歳くらいの女性がお見合い相談所に入れば、そんなに美人じゃなくても若さという武器で引く手あまたです。

しかもこの国では賢い女よりバカな女でいる方がモテるから不思議です。多少わがままに振る舞っても、若いからと許してもらえます。わたしはそれに気づかず、自分はモテる方だとこの頃は勘違いしていました。

こう書いていて気づきましたが、若かった頃はセクハラにもあいませんでした。「若いから」大事に扱われていたのです。

ロリコン大国の日本では若い女性が男性にちやほやされ、おばさん、ババアには価値がないと見なされます。

それはとてもひどい話ですが、とにかくこの頃は、今ほど生きづらさを感じず、若いというだけのつかの間のモテ期をたのしんでいました。

7　やっと見つけた「やりたいこと」

特に夢もなく、ただただラクして怠惰に生きたいと思っていたわたしは（それは今でも変わりませんが）、お見合い相談所で出会ったＮＨＫ局員と結婚するつもりでいました。

しかし、その人にもっとかわいくて素敵なお見合い相手ができ、わたしは振られてしまいました。振られる前、彼から「君は絵がうまいから漫画でも描いたら？」と、ある漫画誌の新人漫画応募ページを見せられました。当時は努力賞でも5万円とか家庭用ＦＡＸプレゼントとか、今から思えば景気のいい時代でしたので、賞金をもらえればラッキー、となんとなく応募したその雑誌の新人漫画賞で、わたしは変わりました。

それはもちろん素人が適当に描いたどうしようもない作品でしたが、担当してくれた編集さんが褒めてくれたのです。

「おもしろいからぜひ頑張ってみてください。他の作品も、もっと読みたいです」

わたしはその瞬間、体の中から不思議なエネルギーのようなワクワクする物質が湧きでるのを感じました。こんな感覚は今までになかったことです。

考えてみると、生まれてこの方、賞なるものをとったこともなければ褒められたこともありませんでした。人は褒められるとやる気になれます。この担当さんは誰にでも同じことを言う人だったのかもしれませんが、わたしにやりたいことを見つける楽しさを教えてくれたことは、今でも感謝しています。

こうして漫画家になるという楽しい目標を見つけたわたしはお見合い相談所を退会し、様々な出版社へと自作の漫画を持ち込むことに専念するようになりました。

8　漫画家にはなったけれど……

１９９８年秋、わたしは講談社の『Ｋｉｓｓ』という女性漫画誌の新人漫画賞で佳作をとり、漫画家デビューしました。実際に不動産屋でアルバイトをしていた自分をモデルにした、ちょっとストーカーっぽい女の子のラブコメディ「不動産屋の山田さん」が受賞作。

持ち込みから約1年で受賞デビューは、一般的な商業漫画家を目指す人たちに比べると早い方。アシスタントになって苦節うん十年という人もザラにいます。

しかし、賞をとるのは案外簡単。漫画家というのは、デビューしてからの方が地獄のように過酷なのです。


デビューしたといっても、それだけでは何も載せてもらえません。まずはネームコンペという、わたしと同じ新人たちの作品を集め、どれを雑誌に掲載するか編集部が審査する会議に毎回作品（鉛筆書きのネーム）を提出し、それに通らなければ雑誌に載せてもらえません。

雑誌の枠はすでに連載されている有名な漫画家さんでいっぱいのため、1冊につきひと枠のみ。新人は約30人。

コンペは毎月1度ありましたが、たった一つの枠を約30人で争うので、当然毎回落ちまくり。

ネームコンペに落ちると、どこがまずかったのかを直されるのですが、作品というのは直せば直すほど勢いがなくなりつまらなくなるもの。落ちては直し、落ちては直し、の繰り返しで、気づいたら何を描きたかったのかわからなくなり、どんどん精神的に消耗していきます。

おまけに新人は定期的に開催される新人漫画賞でどんどん増える。ネームコンペが辛くて辞めていった同期の人たちを何人も見ました。もしかしたらコンペなどなく普通に掲載されていたらヒットした漫画もあったかもしれません。

そんな辛いコンペを乗り切り、晴れて雑誌に掲載されても、アンケートで良い結果を出さないと1回で終わりです。人気があって、はじめて3話連載、その結果がよければ定期連載、連載の人気が順調であれば単行本発売、とプロでい続ける道のりはとても険しいものでした。

そこで、人気さえとれればいいのかと思い、知人の会社社長さんにそこの社員名簿を使ってアンケート葉書を大量に出してもったら、消印が同じ場所だったのですぐにバレてしまいました。

わたしのデビュー作「不動産屋の山田さん」は、不動産屋で働いているのを利用して好きな男の子のアパートにしのびこむ、ヤバいストーカーのラブコメディでした。その後も、金玉を握ると未来を予知できる占い師の事件をコメディにした「ミヨコ握りまーす！」という作品や、生理になると激やせして1週間だけ美人になれる女の子のラブコメディ、オヤジ型のペットロボットのショート漫画「ペッ父ちゃん」など、バカバカしい話を得意としていましたが、ネームコンペに落ち続ける地獄の中、笑える話を描き続けるのはものすごい苦行でした。

だんだん担当も迷走しだして、「笑えるだけでなく、切ない話を描けば売れる！」というので、「切なさ」についても必死で考えましたが全然ネタが浮かばない。切なさムードを盛り上げようと竹内まりやや古内東子の曲を毎日聴いてみましたが、ぼろアパートで竹内まりやをくちずさみながら漫画を描いてもコンペに落ち続けて無収入のこの状況が何よりも切ない話なのでした。

そのうち、コンペなどしなくてもすぐに載る他の出版社の仕事をするようになりました。そうしないと食っていけないからです。

そして、掲載が最もラクで即お金になったのが、体験漫画のお仕事でした。

9　体験漫画家で芸人のような日々、そして結婚したものの……

コンビニのちょっとエッチなコーナーのあの辺りに売っている、過激でおかしなエロ体験漫画ばかりを集めた雑誌といえば、おわかりいただけますでしょうか。わたしは一流（？）ラブストーリー漫画雑誌でデビューしたはずなのに、流れ流れて数年後にはそのような雑誌で漫画を描いていました。

体験もの漫画とは、文字通り、実体験を漫画にしたもの。普通のありきたりな体験を漫画にしても面白くありません。珍しい体験、過激な体験ほどネタになる。読者に好まれるのは、今までにない、よりエッチで過激な話です。

わたしは自然と自分の性的な体験話をあけすけに漫画にするようになっていきました。もともと「うんこちんこまんこ」が日常にあふれ、「ちんこまんこ音頭」を子守り歌に育っていますので、それほど抵抗はありませんでした。

とはいえ、体を張り続けるのはしんどいです。たとえば、ハプニングバーに参加する体験漫画などは作家によっては実際に知らない人とセックスした話を漫画にしています。そういう作家としのぎを削りあうのですから、より過激にしないと注目されない（さすがに見知らぬ人とのセックスはしませんでしたが）。行きすぎると、熱湯風呂に入れられる芸人と大差なくなります。だけど、漫画を描かなければ収入はありません。わたしは無理やりネタを考えては必死で話をひろげて漫画に描く日々でした。

その頃、わたしはそろそろ30歳を迎える時期。両親から「早く結婚しろ～」と言われ、アルバイト先の社長夫婦にも結婚しろしろ攻撃を受けていました。

（とりあえず結婚したら幸せになれるのかな？）

ノリの軽いわたしは深く考えず、当時つきあっていた彼氏に言いました。

「30歳までに結婚したいんだけど」

会社を辞め、フリーになったばかりで経済的に安定していないと言う彼氏を、「だって親が30歳までにしろって言うし」と押し切り、わたしたちは結婚しました。

ところで、わたしがそうでしたが、日本では30歳近い女性には結婚しろしろ圧がものすごく高いのが謎です。あの圧のせいで強迫観念にかられ、わたしのように深く考えず結婚に踏み切ってしまう女性はとても多いのではないでしょうか？

その結婚がうまく行き、幸せならそれで良いのですが、わたしは過剰に期待しすぎたのか、結婚しても何も幸せじゃないことに愕然としました。

むしろ、女であるわたしにとって、結婚は不利なことばかりでした。

10 こんなはずじゃなかった……。甘かった結婚体験

結婚してから一番めんどくせー！　と思ったのは、戸籍の変更で銀行のカードや保険やらクレジットカードやら全ての名義変更手続きをしないといけないことでした。

たかがそんなことくらいと思われるでしょうが、公共機関は平日しかやっていません。アルバイトをしているとなかなかそのヒマがない。

結婚した時はそれでも「わたし結婚できたし♪」と浮かれていたのでその手続きを笑ってやり過ごせましたが、離婚した時は心底ムカつきました。こんな面倒な手続きも、姓を夫のものにするのが一般的なので、女性が主に強いられます。

それから、結婚すると「奥さんなんだから」という言葉を他人からしょっちゅう言われます。

「奥さんなんだから、家事はきちんとしないとね」

「奥さんなんだから、旦那さんを立てないと」

「奥さんなんだから、夜飲みに出歩いちゃ駄目だよ」

「結婚」という契約をしただけなのに、「奥さん」になったわたしは出歩くだけで怒られ、なんだか夫の奴隷のような身分です。わたしは奴隷になりたくて結婚したわけじゃないのに、わたしの自由を世間は許してくれません。

夫は幸いなことに差別的なところもなく、家事もやってくれる人でした。飲みに行っても、どこにいるか報告すれば怒りませんでした。世の中には、自由に出歩けないよう旦那さんから拘束されている人や、DVを受けるなど、もっともっと悲惨な結婚生活を送っている人がいます。それに比べれば100倍マシです。少なくとも、夫はとても優しい人でしたし、結婚して3年くらいはわたしも幸せでした。

ただ、この日本では、わたしの要望は強すぎたのでしょうか。

夫はわたしの父ほどリベラルな人ではありませんでした。家事についても「やってくれる」と書きましたが、本来なら共働きですから、夫も家事をするのは家族として当たり前だとわたしは思っています。

しかし夫は、わたしがちゃんとやらないから「仕方なく」「やってあげている」のだと言っていました。家事とは女がするものだという認識なのです。

夫の学生時代の同級生も男子校のせいか、おまえらなに時代だよ?!　と思うミソジニー（女性嫌悪）ばかり。夫と飲みに行った席で、

「なんで女なのに図々しくしゃべってるの？」

と言われたこともありました。残念なことに、その場にいた夫はわたしにひどいことを言ったその友人には怒ってくれず、逆にわたしが後で文句を言われ、ガッカリしました。

わたしはこの時から、結婚なんかするんじゃなかった、という不満を高めていきました。

夫が嫌いなのではありません。この国の結婚という制度における「奥さん」であり続けることが、わたしには向いていないのです。

なんで結婚なんてしてしまったんだろう……?

それは、わたしが「何も考えないで」「周りに言われるまま」行動してしまったからなのでした。そんなわたしに振り回されて結婚を決めた夫も被害者です。自分の頭で考えないのは本当に恐ろしいことです。

しかし、今離婚をしたら、漫画の仕事も不安定なわたしが1人でやっていける自信はありません。もう少し頑張って収入を上げ、貯金を貯めたら離婚して自由になろう。

そう思っても、なかなかお金は貯まらず、出版不況で仕事も減る一方。欲求不満で無駄な買い物をして、逆にカードで借金を作る負のスパイラル……。この頃からわたしの結婚生活は破綻していったのでした。

11　女も浮気したっていいじゃない！　と思って描いた漫画のペンネームは「ろくでなし子」

結婚したら、当然ですが配偶者以外との恋愛もできなくなります。陰でやっている人はいても、堂々と浮気宣言する人はまずいません。配偶者を裏切り傷つけるのは悪いこと。一生浮気もせず、お互いを大事にし、ともに添い遂げられる夫婦は理想的ですし、とても美しい。

でも、一度結婚したら同じ人をずっと好きでい続け、決してよそ見をしてはならないというのも、息苦しい。

実際に自分が結婚してみてその難しさがよくわかりました。そして表には出ないだけで、浮気をしているのは独身者より既婚者同士の方が多いことにも気づきました。

人はまちがう生き物なのです。毎日和食を食べていたら、たまにはカレーも食べたい。たとえ浮気をしたとしても、家庭には絶対持ち込まず、家族を大事にするなら別にいいのでは？

芸能人や政治家が不倫騒動で叩かれるのを見ては騒ぎすぎだとわたしは常々思ってきましたし、既婚者の男友達の浮気話は笑って聞いてきました。そこでわたしも浮気をしたいと言ったら、友達にこう言われてびっくりしました。

「いやいや、女は浮気しちゃ駄目だよ」

ちょっと待ってよ、なんで男の浮気はＯＫで、女がすると駄目なの?!

もちろん、浮気は良くないことだというのは大前提として、言わせてください。浮気は良くないことですが、そこに男女差があることが、おかしいのです。

たとえば同じ不倫騒動でも、男性タレントなら謝罪会見して終わりのパターンが多いですが、女性タレントの場合はものすごいバッシングを受け、社会的な制裁の格差が確実にあります。元モーニング娘。の矢口真里さんは、あの不倫騒動の時、芸能活動休止に追い込まれていましたが、矢口さんが男性タレントだったらそこまでされていたでしょうか？

ついでに言えば、男には「風俗」という性欲を解消するサービスは山のようにありますが、女にはそんなサービスないに等しい（あるにはあるけどものすご〜く少なくて安全性も不安）。女にだって性欲はあるし、夫との相性がいまいちだった場合、ムラムラしても、行き場がない！　これってちょっとおかしくない？

だからでしょう、出会い系サイトを覗けば退屈そうな主婦ばかり。結婚してから「奥さんなんだから」と言われることが多くなり、共働きでも家事や子育てをするのは当然女の仕事とされ、飲みに行くのも不自由。ぜんぜん良いことないのに、浮気もしちゃいけないなんておかしいよ！　そりゃ、鬱憤《うっぷん》はらしに浮気ぐらいしたくもなるわ！

そこでわたしは浮気している体験漫画を描くことにしました。名づけて「浮カツ（うわかつ）！」。もちろん夫に隠れてこっそり描きました。浮気相手探しには当時流行っていたmixiを使いました。参加するコミュニティのオフ会などが出会いの場になります。おもしろいことに「人妻」という設定でいると相手に困りません。人妻なら本気にならずに気軽に遊べるからでしょう。わたしは普通の主婦をよそおいオフ会で出会った人で面白そうな人を逆ナンし、どこまでいけるかという内容のシリーズ漫画にしました。

こんなひどい話を家族に内緒で描くのですから、ペンネームは「ろくでなし子」にしました。

まさかその後もこの名前でずっと活動するとも思わず適当に決めました。

浮気はひどい話ですが、わたしのように結婚というシステムに疑問を感じて不満をつのらす主婦のみなさんに共感してもらえるのでは、という思いがありました。

しかし、連載が始まってみると、共感どころか非難ごうごう。同じ立場のはずの主婦の読者から説教される始末です。たしかに浮気は悪いものだという前提でも、わたしは不思議でした。女の自由を謳歌しようよ！　と言いたい漫画なのに、同じ女から叩かれるなんて……。

12　整形は整形でも、なんでソコ?!

「浮カツ！」は半分ネタでしたが、活動するにつれ「取材」は面白くなりました。結婚した途端に夫から女性として見られなくなっていたのが、ふたたび男性と恋愛もどきを楽しめるのです。恋愛は承認欲求を簡単に満たせる便利なツールです。この頃から漫画の仕事が激減していたわたしは、欲求不満を浮カツで解消するようになりました。

夫への罪悪感を思うとさすがにへこむので、なるべく深く考えないよう現実逃避してゆきました。わたしはまんこのアートをしてから「頭がおかしい」とよく言われますが、この頃のわたしの方がよっぽどおかしかったと思います。

その頃、ネットでエステサロンをググッていたら、「小陰唇縮小手術」なるものを見つけました。

まんこのビラビラしたところは小陰唇といいます。子供の頃は小さくてピンク色ですが、大人になると肥大し、色素が沈着して黒くなってきます。それは別に病気でもなんでもなく、逆に健康の証なのですが、「まんこが黒い女は遊んでる」というおかしな思い込みが世に蔓延しているため、自分のまんこをセックスの時に見られるのがちょっと恥ずかしかったわたし。

そのビラビラをメスでカットして綺麗に整えるのが「小陰唇縮小手術」という整形手術。変わった整形だなぁと思い、すぐにひらめきました。

(これ、漫画のネタになるかも!)

ちょうど同じ頃、顔のたるみをリフトアップする手術を受けた友人もいたので、整形にはそんなに抵抗がありませんでした。この機会に綺麗にすれば、浮カツでも恥ずかしくないし、漫画のネタにもなって一石二鳥!

早速、当時の担当編集者にすぐに話し、3話連載の枠を確保し、その1週間後、わたしはまんこ整形手術を受けていました。

美容整形クリニックでの相場は16万円~高いところでは30万円以上。わたしは16万円のクリニックにしました。

手術を受ける場所がまんこですから、次の生理が来る前に受けたい。クリニックに予約の電話を入れると、最短で手術を受けられる日は全身麻酔の資格を持つ医者がいないため、部分麻酔になるのだそう。部分麻酔だとなんか痛そうだけど、意識がはっきりしている方が手術の様子もルポできるので、わたしは部分麻酔で受けることにしました。

手術は、ビラビラした部分をレーザーメスで切りとり、傷口を袋とじ状に縫い合わせるだけの簡単なもので、約1時間で済むそうです。手術の邪魔にならないよう、陰毛は事前に剃って来てくださいと言われました。

わたしのまんこのビラビラは片側が二重になっていたから通常の手術の倍の2時間以上かかり、途中で麻酔が切れかけヒヤヒヤしましたが、それもネタの一つになりました。切り取ったビラビラのかけらも見せてもらいましたが、焼き鳥のハツみたいでした。

手術を受けた直後、麻酔をさますため小一時間寝かされた後、普通に帰宅しました。まんこの傷あとが治るまでは生理用ナプキンをあてがいました。まんこは驚きの治癒力があって、1週間もしたらなんでもなくなりました。鏡で見たら、たしかに前より見た目はマシになっていました。パンツをはいてもモゴモゴしないのも快適です。

（ちょっと高いけど、受けてみてよかったな）

その程度の意識しか当時のわたしにはありませんでした。

友人知人にこの話をすると「顔の整形はよく聞くけど、よりによってなんでソコなの?!」とビックリされます。わたしはその反応が面白くてみんなにしゃべりまくっていました。よく考えた世にも珍しいチン手術?

〜小陰唇縮小手術〜

部位が部位なだけに術前術後の写真を広告にのせる訳にいかず、あまり知られていない手術だけれど、どの美容クリニックのメニューにも必ずある、歴史の古い手術。

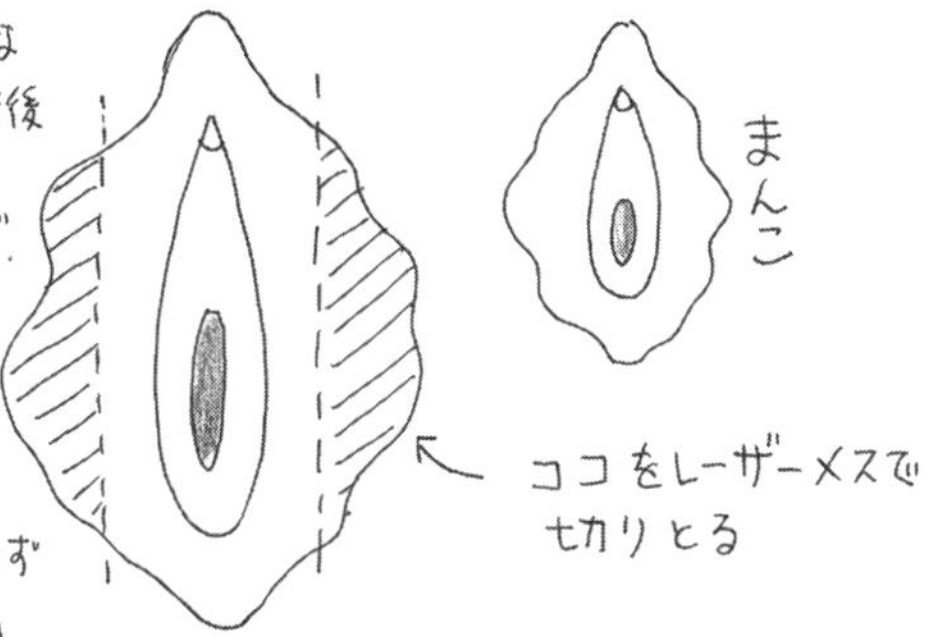

6d745. 2015

ら整形とは人に隠れてコソコソやるもののはずなのに……。

13　まんこアートも最初は漫画のネタだった

わたしがあっけらかんとまんこの整形手術漫画を描いたことで、後に男性週刊誌が「女性器最新革命事情！」などと煽り、小陰唇縮小手術のことを大げさに取り上げていましたが、何アホなこと言ってんだと思います。

実は小陰唇縮小手術の歴史は古く、昔から密かに施術されていました。その証拠に、どこの美容整形クリニックのメニューにも必ず「小陰唇縮小手術」の項目があります。整形する場所が場所なだけに、術前術後写真を広告に掲載できませんし、手術を受けた人はひた隠しにしたいでしょうから、世間には知られざるままだったのです。

とはいえ、珍しい手術ですからわたしの体験漫画も反響が大きく、「続編を描いてください」と注文が来ました。

漫画家にとって、続編漫画の依頼はとてもうれしいもの。でも、もう手術は終わったし、描くことはありません。せっかくもらえた枠に穴をあけたくないし、どうしよう……。そうだ、きれいになったまんこの型でもとってみよう！

2011年夏、そんな思いつきのまま、わたしはまんこの型をとってみました。型をとるのには、歯医者で歯の型をとる時に使われるピンクの印象材を用いました。たまたま歯医者の友人がいたので頼みやすかったたし、口の中に入れても大丈夫なら、まんこにあてても大丈夫なはず。早速、友人から分けてもらった印象材を水でとき、まんこにあててみました。

ちんこと違い、まんこは両脚の奥にひっこんでいるから型をとりづらいのと陰毛が邪魔で、最初は失敗しました。

そのうち、毛を剃った方がやりやすいことに気づきました。そして型をとる際はスーパーで売っている刺身用のスチロール容器のような細長いケースに印象材を入れてあてがうと便利とも気づき、試行錯誤の末、まんこの型をうまくとれるようになりました。

そうして型をとった印象材に石こうを流し込み、石こう製のまんこが出来上がりました。


しかし、石こうまんこはシンプルすぎて何だかパッとしません。ビラビラを手術でとってしまったので形状的にもなんかつまらない。そこで、ギャルが携帯をデコレーションするみたいに、その石こうをキラキラにデコレーションしてみることにしました。

まんこをかわいくする、という新しい発想に興奮しながらデコったそれを、わたしは「デコまん」と名付け、漫画に描きました。

（まんこなだけに、楽しいマン画が描けたなぁ）

わたしは大マン足でした。

ついでにそのデコまんを友人知人に見せると大笑いされたので、わたしは調子に乗り、今度は石こうまんこにジオラマ人形などを載せてみました。そうしてまんこのゴルフ場やまんこのお祭りやぐらを作り、「ジオラまん」と名付けました。

我ながらバカバカしい作品ができた！　と思いましたが、全ては漫画のネタでしかなく、まさかこの活動に本気で取り組もうとは、この時点では全く考えていませんでした。

14　なぜ「まんこ」と言ってはならないの？

「デコまん」や「ジオラまん」を知人のライターに見せていたら、ある日、某男性週刊誌のネットニュースサイトから取材の依頼を受けました。別にまんこアートを本気でやるつもりはなかったのですが、話題になれば漫画の仕事も増えると思い、受けることにしました。家族には内緒ですから、カツラとダテ眼鏡をかけて取材を受けました。

この時の記事がネットに流れた途端、それまでは日に20件くらいしかなかったわたしのWEBページのアクセスが、いきなり1万件を超えました。いったいなにかと思ったら、2ちゃんねるにまとめが立ち上がっていたのでした。そこに書かれていたのはとてもひどい言葉でした。

「マジキチ」「これはひどい」「頭おかしい」「汚いものを見せるな！」「クソビッチ！」「ヤリマンのまんこ臭そう」etc……

悪口は後から後からとめどなく湧きでます。わたしは疑問に思いました。わたしの作った物は、元はまんこではあっても、キラキラにデコレーションしたりジオラマを載せたりした楽しい作品で、パッとみたらまんこだと気づかないような物です。それだけのことで、なぜこんなに叩かれるんだろう？　「まんこ」はそんなに悪者なの……？

そういえば、その記事の中でもそうだったように、「まんこ」という言葉はメディア上では必ず伏せ字にされます。テレビでは「まんこ」と言うのもNGで、そういう時にはピー音が入るか、生放送ならそれを言ったタレントは降板されてしまいます。今まではなぜだかよくわからないけどそういうものだと当たり前に思ってきましたが、改めて考えるととてもヘンなことだ……。

自分が作った愛おしい作品や自分のまんこを汚いと言われることにもわたしはとても腹が立ちました。まんこを汚いと罵《ののし》る人たちは、その汚いまんこから生まれてきたくせに何言っているの?!　頭がおかしいのは、どっちだよ?!

この瞬間、わたしは鬼になりました。

（もっとすごいまんこ作品作ってやる！）

どうせ作るなら笑えてバカバカしい作品がいいと思ったわたしはこの頃から「ラジコンと合体させてリモコンで走るまんこ」や「センサーに手をかざすと反応して水が飛び出るまんこ」など、本格的に（?）まんこアートに打ち込むようになりました。

また、わたしはこの活動を恥じていないので顔を隠すのもおかしいと思い、ダテ眼鏡を外しました。カツラは気に入ったのでかぶり続け、今ではすっかりわたしらしさとなりました。

15　はじめてのデコまんワークショップ

デコまんを作りはじめた頃、知人を通じて知り合ったKさんにたまたま作品を見せたところ、「かわいい！」と褒めていただきました。Kさんはフェミニストで、女性向けのアダルトショップ経営者でした。

「デコまん、おもしろいからワークショップやろうよ！」

ありがたいことに、お客さんを集めてみんなでデコまんを作るワークショップを開いてくださることになりました。

わたしは自分のまんこは自由に作品にしてきましたが、他の女性は自分のまんこの型をとってデコレーションする遊びを楽しんでくれるのか、半信半疑でした。この日本では、まんこを持っている女性でもまんこに否定的な人が多いからです。

自分の体なのに、名前を言えない、口にできない、恥ずかしい。

そんな不思議なことが、デコまんを作っていると見えてくる。でも世の中の常識ではわたしの方がおかしい人になるのです。

だからKさんのお店でのワークショップで、それでも4名のお客さんが集まってくれたのは、我ながら驚きました。

デコまんワークショップをするというと、みんなでまんこの型をいっせいにとるのだと勘違いする人もいますが、もちろん個別に1人1人、型をとります。

陰毛は型をとる時にからんでしまうので、当時は事前に剃って来ていただくか、Kさんのお店で施術しているブラジリアンワックス脱毛をおすすめしていました（試行錯誤の末、ワセリンを陰毛の根元に塗れば毛を剃らなくても大丈夫なことがわかったので、現在はワセリンをおすすめしています）。

誰もがまんこの型どりなどはじめてですから一応わたしがサポートしますが、わたしも他人のまんこの型どりをサポートするのははじめてで緊張しました。面白半分でいらしてくれたお客さんたちも、やはり型をとる時は少し怖がっていました。

型をとったら石こうに固めて出来上がった素まん（素のまんこ型）をテーブルにならべ、みんなで色を塗ったりデコレーション作業開始です。

皆さん、自分のまんことはじめてのご対面。4人のお客さんはみんなの顔がそれぞれ違うように、まんこの形も個性的で面白い。

「みんな結構ビラビラしてるわね」

「あなたのは意外ととこじんまりしてるわ」

「わたしのまんこ、めっちゃダイナミック！」

最初は自分のまんこを怖がっていたお客さんたちも、他の人のまんこと見比べているうちにすっかり慣れてしまい、大笑い。

ワークショップをして気づいたことは、普段そんな所をじっくり見もしないのでわかりませんでしたが、まんこはみんなビラビラしているものだし、「醜いまんこ」など一つもないのです。

わたしはお客さんやスタッフが楽しそうに笑いながら素まんを手にしているのを見て、はじめてまんこという物の「醜さ」「汚さ」「タブー感」がその場にいた全員の中から消え去ったように感じました。


デコレーションも各々自由に作業していただきます。まんこを鮮やかな紫色に塗ってキラキラさせたり、造花のひまわりを載せてかわいくしたり、ジオラマやレゴ人形を載せて面白いまんこにしたり……世界に一つしかないオリジナルデコまんです。

ひと通り作業が終わり、完成作品を前にして、みんなでお茶を飲みました。

「めっちゃ面白かった！」

「まんこって自然に言えるようになった」

「またデコまんワークショップやりたい！」

「次はいつやるの？」

自分のまんこが好きになったというお客さんたちを見送りながら、わたしの体の中からワクワクするようなエネルギー……はじめて漫画の持ち込みをした時の、あの感情が、ふたたび湧き上がりました。

また「やりたいこと」が見つかった！　今度は漫画ではなく、まんこアートでした。

やりたいことが見つかると、それまで夢中になっていた浮カツがとてもくだらなく思え、だんだんとそういうことから遠のいてゆきました……というか、わたしのやっていることがわかるとたいていの男たちはドン引きするので、気づけばわたしは、男からまったく相手にされなくなっていました。

漫画の仕事も雑誌の連載が終わり、完全になくなりました。

16　離婚してやっとわかった結婚の意味

その頃、まだ夫婦関係にあった夫には、「ろくでなし子」であることはもちろん、まんこのアート活動もひた隠しにしていました。

わたしはネットのニュースにもたまに登場するようになってきたのに夫に気づかれないのは不思議でした。一緒に住んでいるので何かおかしいことは察知していたようですが、わたしを問いただせば自分が傷つくため、夫は逆に現実を見ないようにしていたのかもしれません。

わたしもわたしで、この結婚はだいぶ前からおかしいと思っていたし、いつかはけじめをつけねばと思いながら、浮気というひどいことで夫を裏切り続けた罪悪感で、きちんと向き合うことから逃げていました。

そんな時、Twitterをはじめた夫がわたしのアイコンを見つけ、わたしが何をしているか知ったようでした。わたしはむしろホッとしました。これで本当のことを言うしかなくなったのです。

夫は困惑していました。

「まんこのアートを友達がしているなら笑って流せるけど、自分の嫁がやってるのはいやだ」

そう言われたら仕方ありません。わたしはやっと、ずっと前から思っていた言葉を口にしました。

「離婚しよう」

離婚をすれば家を出て行かなくてはなりませんが、わたしは貯金もしていません。こうなることを予測して計画的にことを進められる賢い人と違い、わたしはいつも刹那的。お金は友達や姉に借り、とりあえず小さなアパートに引っ越しました。

北向きの1階の日が射さない寒い6畳間。ダブルベッドを入れたらベッドだけで部屋が一杯になり、まるでラブホテルのよう。その狭い新居で単行本化が決まった『デコまん』の原稿を描き、アルバイトをしながらわたしはかろうじて生きていました。

結婚していた時、わたしは独身女性がとてもうらやましかった。「奥さんなのに」という言葉

ダブルベッド
を入れたら
せますぎて
ラブホテル状態
やっと念願の離婚が
できたはずなのに。
孤独が辛くて死ぬことばかり
考えていた日々。
(この頃が逮捕勾留よりも辛かった)
6d745. 2015

に縛られず、自由に自分の生きたいように生きられていいなぁ。そんなあこがれの独身に戻れたはずなのに、ちっとも楽しくない。おかしいなぁ、なんでだろう?

それどころか、アルバイトの帰り道に寄ったスーパーで楽しそうにしている家族連れやカップルを見かけると、なぜかとても胸が苦しくなります。わたしはアパートに戻ると暗くて寒い部屋の電気をつけ、スーパーで買ったおそうざいのポテトサラダや唐揚げを独りでつまみますが、まるで石や砂を噛んでいるよう。

以前なら、家に帰ると明かりが灯っていて、テレビを観ながら一緒にご飯を食べる人がいました。退屈で退屈で仕方なかったその生活は、実は一番の「幸せ」だったのです。失ってみてやっとわかってももう遅い。全部わたしのせい。わたしのわがままで、わたしが選んできたことなのです。

わたしはかつて、結婚したら全然幸せじゃないことに気づいてビックリしましたが、そんなの当たり前でした。結婚とは、結婚をしたら突然幸せになれるものではなく、幸せであるように二人で努力し積み上げていくものなのです。愚かなわたしは夫に甘えていました。

そういう大事なことほどいつも気づくのが遅いのでした。

17　まんこに怒るオヤジたちとの闘い

デコまんワークショップはその後も定期的に開催するようになり、週刊誌でもわたしの活動を取り上げられるようになりました。

とはいえ、いつもセックスやエロや卑猥な記事としての取り上げられ方。こんなエロいことをバカな女がやっている、といったていで書かれます。

まんこの型をキラキラさせたりジオラマを載せることのどこが「エロ」なのかさっぱりわかりませんが、作品を見ればわかってくれる人もいるだろうし、これも宣伝と思い、わたしは特にメディアは選ばず取材を受けていました。

まんこアートを本格的にはじめて半年後、銀座のヴァニラ画廊から、系列店のヴァニラマニアというバーでの展示のお話をいただき、２０１２年9月に「デコまん展」を開催しました。

初日の月曜日はガラガラでしたが、そのバーのことを聞きつけた編集者の取材を受け、翌週、某男性週刊誌に載った途端、50代〜60代のおじさんたちがどっと押し寄せ、小さな画廊兼バーはおじさんであふれ返りました。

おじさんたちは、「実物のまんこが見れる！」と興奮しているようでした。

「まんこが見れるってほんと?!」

と鼻息荒くバーに電話をかけてくる人もいました。今の時代、インターネットで性器の無修正画像はいくらでも見られることを知らないみたいです。

しかし、期待に股間を膨らませて実際に観に来たら、まんこにジオラマを載せたものやラジコン式のリモコンで走るまんこなど、全然エロくない。

それを面白がって笑ってくれる人もいましたが、期待はずれだと怒って帰る人もいました。

「まんこなんか展示してけしからん！」

と説教する人もいました。まんこを観に来ておきながらなぜ怒るのか不思議でした。

「まんこっていうのはね、暗闇の中、布団をそっとめくって眺めるものなんだよ。こんなの全然駄目だね！」

おじさんたちは、独自のまんこ観をわたしに押しつけます。

だけど、わたしのまんこはわたしの物。どう表現するかはわたしの自由なのに、まるで我が物のように、それが当たり前のように説教するおじさんたちにわたしはイライラしました。

（まんこはおまえらの物じゃない！　暗闇の中で布団をめくってそっと見るものだなんて、冗談じゃねぇ！）

そこでわたしはまんこが暗闇の中でビカビカ光るまんこの照明器具を作りました。クリスタルのまんこ型がキラキラ光る、シャンデリラのような、「シャンデビラ」。

シャンデビラを２０１２年秋のヴァニラ大賞展に応募したところ、２次選考に残りました。賞はとれませんでしたが、２０１３年４月のヴァニラ大賞展で展示されました。

このように、わたしの創作活動は常に怒りをバネにして生まれてゆきました。

なーにが まんこのアートだよ
こんな物 オレたちの まんこじゃ ない!
けしからんっ
……
まんこを見に来ておきながら まんこに怒るおじさんたち。
6d745. 2015

18　もっとまんこにインパクトを！

ヴァニラ大賞展の受賞パーティに呼ばれたわたしは、そこで展示していたシャンデビラについて、わたしに聞こえるようわざと大きな声で文句を言うおじさんに会いました。

「なーにがまんこの照明器具だよ！　こんなの全然インパクトないね！」

おじさんはヴァニラ大賞の審査員の1人の美術評論家。わたしがシャンデビラとともに出したコンセプトも気に入らないようです。コンセプトには、

「この日本では、まんこが男性に私物化され、必要以上に隠されるのがおかしい、まんこをポップに日常にととけこませたくてプロダクトアートにした」

と書きましたが、「そんな御託は聞いちゃいないんだよ！」と一笑に付されました。典型的なミソジニーです。わたしの中でまたいつものように怒りの炎がムカ着火ファイヤーしました。

しかし、その美術評論家の言うこともあながち間違いではありません。まんこの型は、手のひらサイズ。デコまんにすると、大体17センチ×9センチぐらいの小さな作品しかできません。

デコまん展でもそうでしたが、作品が小さすぎると展示をしても会場がガランとして寂しい。シャンデビラも、まんこの形をしたクリスタルをたくさん吊るしましたが、かなりお金をかけてがんばったのに、大きさは30センチ四方に満たない照明器具……。これではインパクトがないと言われても仕方ない。

もっと大きなまんこ作品を作るには…？
まんこは手の平サイズ…
でかーっ
そうだ！まんこを3Dデータ化してみよう！
ハイテクノロ自慰〜
3D
6d745. 2015

わたしはこの時から、誰が観てもビックリするほど大きなまんこ作品を作ってみたいと真剣に考えるようになりました。

たとえば、まんこの形のドア、まんこの形の布団、まんこの形の車、まんこの形の船……。

そんな物が実際に出来たらあまりのバカバカしさに「まんこはけしからん」と怒るおじさんだって吹き出すはず。奈良の大仏くらいのまんこが出来たらさすがに「インパクトがない」とは言えないでしょう。わたしは絶対にあのミソジニーの美術評論家を見返したい。でも、どうすればいい……？

答えはネットのニュースで見つかりました。

19　そうだ、まんこをデータ化しよう！

「画期的な新技術。３Ｄプリンター」

その頃ネットで話題となっていた3Ｄプリンターとは、３Ｄスキャナーで物体をスキャンしてデータ化したものを印刷できるハイテク機械。紙などの二次元物でなく、立体物を印刷できます。データなので拡大縮小も可能です。

（この技術を使えば大きなまんこ作品を作れるじゃん！）

わたしは咄嗟にひらめきました。

まんこをＩＴという最新技術と掛け合わせるのもとても面白い試みです。それまでのまんこをモチーフにしたアートの歴史をひもとくと、まんこはだいたいエログロでアングラで昭和っぽい表現ばかりされています。わたしはそういう古くさいスタイルに飽きていました。またそういう物とわたしの作品を一緒にされることにもウンザリしていました。

わたしは自分の活動を人前で紹介する時はいつも手作りの紙芝居を用意していましたが、ニコニコ学会βなどＩＴ系の人たちのイベントに出た時、みんながパワーポイントで自分の作品発表をしていたのを見て、これではアングラなアートとバカにされても仕方ないと自分を恥じました（ＩＴの人たちには紙芝居は逆に新鮮だったようですが）。

これからのまんこアートはポップでハイテクであるべきだ！

そう思ったわたしはまんこを３Ｄデータ化して大きなまんこ作品を作ることに決めました。

しかし、３Ｄプリンターは安くなったというニュースを見ても、わたしにはとても手が出せない値段です。そもそも引っ越しの借金も返せていません。

なんとか安く３Ｄスキャンとプリントをしてもらえる業者はないだろうか……？　わたしはＩＴに詳しい友人に相談してみました。すると友人はこんなアイデアをくれました。

「クラウドファンドで募金を集めたらいいんじゃない？」

20　CAMPFIREでボッ金（募金）を募ろう！

クラウドファンドとは、インターネットを通じて不特定多数の人から資金面での協力を募ることができるサイトです。

あるプロジェクトを考えているAさんがクラウドファンドのサイト上でそのプロジェクトを紹介します。それに賛同したBさんが出資したいと思い、自分の好きな金額を入金します。Bさんのような賛同者がたくさん集まってAさんが設定した目標金額に達成すると、そのプロジェクトはサクセス（成功）したとしてお金が振り込まれ、Aさんはやりたかった計画を実行に移すことができます。

募集期間に目標金額に達しなかった場合、出資金はBさんたちに全額返金されるので、サクセスしなくても誰も損をしません。

出資金額も500円から気軽に始められ、出資者のお財布もいたみません。

サクセスした場合は、AさんからBさんたちへリターン（お礼）をすることが条件ですので、Bさんたちにも嬉しいことが待っています。

つまり、出資者が集まれば集まるほど目標金額は高まり、AさんもBさんたちも、みんなWin-Winの関係に！

これなら貧乏なわたしでも願いを叶えることができそう。そしてわたしも出資者も、Win-Winならぬビランビランの関係に！

なんとすばらしいシステムでしょう。

わたしは友人からこの話を聞き、クラウドファンドを利用して3Dプリンターで大きなまんこの作品を作る資金を集めることにしました。利用するクラウドファンドは「CAMPFIRE」というサイトが有名でしたので、そこに決めました。

しかし、作りたいものが「まんこのアート」。まず「まんこ」というだけで却下される可能性は十分あります。

バカバカしいとはいえ、わたしの思いは真剣です。運営者の方に直接お話しすればわかってもらえるのではと、共同オーナーの1人である家入一真氏に面会をお願いし、まんこのアートのプレゼンテーションをしました。

家入さんはわたしのバカバカしい話をまじめに聞き、面白がってくださいました。そしてこんなアドバイスをしてくれました。

「ただ3Dプリンターで大きなまんこを作るだけじゃ具体性がないから、乗り物でも作ったらどう？」

まんこの乗り物……そこまでバカなことはさすがに世界中の誰もしたことがないでしょう。ぜひやりたい！　やるしかない！

車を作ってみたいけど、エンジンなど複雑でお金がかかりそうだし、わたしは運転免許を持っていません。

でも、ボートなら、仕組みも単純だし免許もいらない。

海はまんこと同じくこの世の全ての生命を生みだす象徴です。その母なる海に、母なるまんこのボートに乗って漕ぎだす……。なんて壮大なロマン。「ロマン」と「まん」もかかってちょうどいい。なんだったら、「まん」繋がりでスイスのレマン湖や沖縄の漫湖で漕いでもいいんじゃない？

わたしは早速、まんこのボートを作ることに決めました。

21　「わたしの〝まん中〟を3Dスキャンして、世界初の夢のマンボートを作る計画に支援を！」

CAMPFIREにプロジェクトを載せてもらうには計画を説明する動画が必要です。わたしは出資者にこのコンセプトを理解してもらうため、自分の主張を伝える動画を作りました。

〝日本では、まんこが必要以上に隠されてきたために、逆にいやらしさが増し、女性にとっては単なる体の一部なのに、セックスや卑猥なイメージを勝手に与えられてしまったと感じます。そこでわたしは、まんこをもっとＰＯＰに、カジュアルに、日常にとけこませるよう（中略）本格的に活動するようになりました……〟

〝３Ｄスキャナーを使えば、ずっと作りたかった海を渡るまんこの船・マンボート制作が実現可能となります！〟

〝技術的なことを説明しますと、まんこを3Dスキャンしてデータ化したものを、このように、カヤックの上部にはめこめるサイズのスチロール材に加工します……〟

ただしCAMPFIRE担当者から「まんこ」という言葉は使えないと言われたので「まん中」という表記に訂正しました。堂々とまんこと言えないのは残念でしたが、まんこは体の中心だと思えばかえって良い呼び方かもしれない、とわたしは思いました。

3000円以上の出資者へのリターン（お礼）は、スキャンしたわたしのまんこの3Dデータを送ることにしました。これまでなら「絶対に隠さないといけない物」とされているまんこがデータとなってインターネット上で飛び交う様を想像すると、あまりのくだらなさに笑いがこみあげます。しかも最新の技術を駆使した3Dデータ。ハイテクノロ自慰～！　とダジャレにもかけられる。どこまでもくだらなくて最高のプロジェクトになりそうです。

こうしてわたしのマンボートプロジェクトは2013年6月にスタートしました。無事にプロジェクトを立ち上げることができたのも、家入さんや関係者の皆様のお陰です。

プロジェクトを載せられるかどうかがそもそも心配だったので、無事サイトに掲載された時は心底ホッとしましたが、お金が集まらなくてはなにも始まりません。わたしはできるだけ友人や知人のメディア関係者に連絡して宣伝してもらえるよう頑張りましたが、当然と言うべきか、大きな出版社はどこもとりあげてくれませんでした。

しかし、とあるネットのニュースサイトでとりあげられた途端、また2ちゃんねるでまとめが出来、そこから急に盛り上がりました。

「まんこをスキャンしてボートを作りたい?!　バカじゃねぇの?!」「マジキチ乙ｗｗｗｗｗ」

相変わらずひどい叩きようでしたが、彼らがこのプロジェクトをバカにして騒いでくれたことで、ネット上の多くの人がマンボート計画に注目してくれました。

そのお陰か、なんとたった1週間で目標金額の51マン４８００円を達成することができました。わたしはこのように2ちゃんねるの人たちにはいつも助けられています。この場を借りて、感謝を表明いたします。


このプロジェクトをしてみて嬉しかったのは、わたしの活動はそれまではエロと勘違いした男性にだけ興味を示されてきましたが、同じまんこ持ちの女性もわたしの活動に共鳴し、実際に支援をしてくれた方が少なくなかったことです。

「同じ女性として、自分の体の名前を言えないことや恥ずかしいと感じることはやはりおかしいと思いました。応援します」

このようなメッセージをたくさんいただくようになりました。

プロジェクトは、まさかこんなに早く目標金額を達成するとは思わず、締め切りをCAMP-FIREの最長期限の80日間に設定していました。募集期間終了日の9月には、最終的に100マン円のボッ金（募金）が集まりました。

22　性器の（世紀の）3Dスキャン体験

2013年9月末、CAMPFIREから手数料を差し引いた支援金80マン円が振り込まれ、早速わたしはボートの制作にとりかかりました。まんこの3Dスキャンという、おそらくかつて誰もしたことがないやり方で自分のまんこをデータ化し、2メートル大のボートの乗り口部分に加工するのです。高度な技術なので、もちろん専門業者にお願いしましたが、わたし自身どんな物ができあがるのか全く想像がつきません。それこそが面白い！

わたしはまんこを3Dスキャンする様子も記念になると思い、レンタルスタジオを借り、関係者をご招待するイベントにしました。

もちろん、まんこを見せたいわけではないので、スキャンする際は実物のまんこがお客さんに見えないように注意しました。

ところで、その時知ったのですが、3Dスキャン機は「黒色のものを認証できない」そうなのです（認証できない部分はぽっかり穴があいた状態になります）。

ですから、陰毛は剃らないといけません。ついでに言うと、わたしはまんこが黒い方なのでちゃんと機械が認識してくれるか心配でした。クラウドファンドで100マン円も集めたのに、まんこが黒いばかりにデータ化がうまくいかなかったら最悪です。わたしは長細いテーブルに横たわり、なるべくまんこがスキャンカメラにうまく写るよう足をふんばりました。

スキャンカメラをまんこに照射し、約1分……。するとパソコンにデータ化されたモノクロデータが浮き上がってきました。

それはまんこというよりも、月面のクレーターのようでした。

案の定、ところどころ認識できていない部分もありましたが、専門業者の方に手直ししてもらえば大丈夫そう。


このように、スキャン自体は5分もかからずあっけなく終わりましたが、せっかくの性器の（世紀の）瞬間なので、クラッシック音楽をBGMにし、記念動画も撮影しました。

スキャン画像のプレビュー画面は関係者のみなさんと一緒に「よくこんな物スキャンしたよねぇ～」「アホだよね～」などと言いながら鑑賞しました。

モノクロの月面クレーターみたいな画像とはいえ、元はまんこなのでドン引く人がいてもおかしくないのに、みんな「いやらしいもの」という認識で見ていないせいか、ただ笑うか、単純に

3Dの技術に感心しているようでした。

その後は用意していたお寿司や唐揚げなどのケータリングを関係者のみなさんに振る舞い、まんこ3Dスキャンの成功を祝って乾杯しました。ご招待した女性支援者が、

「まんこの記念日だったので、この日のためにスーツを新調しました！」

と言って新しいスーツ姿で来てくださったのはとても嬉しかったです。

データさえ出来てしまえば後は業者にボートの形に合うように拡大と修正の作業をしてもらうのを待つだけです。わたしはお祝いのシャンパンでほろ酔い気分でした。

後で知りましたが、警察はこのレンタルスタジオにもわざわざ事情聴取しに行ったようです。こんなバカバカしいイベントの何をワイセツと思って必死で捜査していたのでしょう。税金の無駄遣いもいいところです。

23　レマン湖ではなくたまん川（多摩川）で進水式

2013年10月19日大安（イ、イク〜！　の日）、わたしは東京都と神奈川県を挟むたまん川（多摩川）にて、無事完成した黄色に輝くマンボートの進水式をしました。

当初は海水浴場でしようかと思いましたが、10月半ばともなれば季節的に遊泳禁止。海までボートを運ぶのも大変です。だったら近所の川でいいじゃない。ちょうどわたしの住まいの目の前

には多摩川が流れています。

河川のボート使用については、区役所や漁業組合に問い合わせたところ、エンジン付きの船でなければ魚など生き物の生態圏を荒らすおそれはないので自由に使ってかまわないとのこと。ちなみに川というのは普通の土地と違って「誰の物でもない」のだそうです。これもわざわざ聞いてみなければ知らなかったことでした。

前日まで押し寄せていた台風で天候が心配でしたが、当日はかろうじて雨も降らず、無事にマンボートをお披露目することができました。集合場所は「川原のこの辺り」と漠然とした指定でしたが、おかしな創作物を見に来る支援者や興味本位の人たちがワラワラと集まってきました。最初はおそるおそる近づいて来た人たちも、初めて見るまんこのボートに興奮し、歓声をあげました。

「なにこれ、めっちゃウケる！」「かわいい！」「アホや！」「最高！」

そのボートの乗り口部分である、スチロール製の2メートルの黄色いまんこには支援者のお名前を記してあったので、軽く撮影会をしました。

その後、ボートを川に移動し、いよいよまんこの進水です。性器の（世紀の）瞬間を支援者のみなさんに見守られながら、わたしは力いっぱいオールを漕ぎました。

よく考えたらカヤックの乗り方も知らないし、泳げないので溺れたら最悪です。そこでボートにはマンが一の時用にロープを縛りつけ、岸にいる人に端っこを持っていてもらい、遠くまで流されそうになったらロープを引っ張ってもらいました。

わたしが川の流れに流されそうになったり、あっちに行ったりこっちに行ったりするのをみんな大笑いして見ています。なんだか鵜飼の鵜のようでしたが、とりあえずまんこは歴史上初めての進水を果たしたのです。必死でオールを動かしながらも、わたしは感無量ならぬマン無量でした。

ひと通り漕ぎ終わる（引っ張られ終わる）と岸にあがり、いらしてくださったみんなのためにまん汁（豚汁）を振る舞いました。前の晩に仕込んでいた材料を大鍋で煮込みます。少し寒かったので、まん汁はあっという間になくなりました。里芋が生煮えでしたが、みんなうるさいこと言わずに食べてくれました。

最後は来てくれたみなさんと記念撮影しました。こんなに幸せな時間はあの時以来……はじめてのデコまんワークショップ以来。みんな笑顔でこう言ってくれました。

「またこんなアホなイベントやってよ!!」

24　わたしは「アート」をしています

あれだけあった支援金は、制作会社への支払いや関係者への接待費、全長3メートルもするまんこのボートの輸送代金、宣伝費やマンボートお披露目会のイベント代金等であっという間に消え、むしろ赤字となってしまいました。アートなんかやっても1円の儲けにもなりません。

しかし、今「アート」と書いたように、わたしはマンボート進水式を終えて以降、わたしの活動は間違いなく立派なアートだと本気で自負するようになりました。

「アート」とは、美術館のガラスケース越しに眺める美しい絵画や彫刻だけではありません。それまでの常識や既存の価値観をくつがえすもの。考え方が変わるきっかけとなるもの。人々の人生を楽しく豊かにするもの。「芸術は、爆発だ！」で有名な岡本太郎さんもそのように述べていたのをご著書で読みました。わたしも全くその通りだと思います。

「こんなもの、アートじゃない！」

今でもわたしにこう罵る人はたくさんいます。たしかに、わたしのまんこアートはとてもくだらなくてバカバカしい代物です。

だけどわたしの活動を楽しんでくれたり、自分の体を大切に考えるようになったりしたという女性にとっては「アート」なのです。わたし自身、おかしな警察と闘いながら「常識ってなんだろう?」と常々考えていますから、日々「アート」しています。

わたしがまんこのアートを始めた時は、わたしを誹謗《ひぼう》中傷する人しかいませんでした。今ではマンボート進水式もあれだけ楽しんでもらえたように、応援してくれる人がたくさんいます。

わたしは離婚してからずっと孤独だと思ってきましたが、もう独りではありません。

わたしはわたしを支えてくれる人たちを、もっともっと喜ばせたい。自分のためだけでなく、みんなが笑顔になるようなバカバカしい「アート」を作りたい！

進水式を経て、そう強く思いました。

25「デジまんコンテスト」を募ったけれど……

マンボートを作ってから3ヶ月。わたしはせっかく作った3Dまんこデータを利用してもっと面白いことはできないか？　と考えました。まんこでボートを作れたのだから、他にも何かできるはず。

たとえば、まんこの形のiPhoneカバー、まんこの形をしたマウス、まんこの形の携帯マグカップ、まんこの時計、まんこのアプリゲーム……etcもっといろいろできそう。

できればわたしのアイデアだけでなく、誰かの予想外の面白いアイデアを見てみたい。

そこで「デジまん（デジタルまんこ）コンテスト」なるものを自分のWEB上で募集してみました。

〝わたしではなく、あなたが作る、新しいまんこアートを！〟

アイデアを応募してくれた人にはわたしの3Dまんこデータを無償でプレゼントすることにし、良いものができたら「みんなのまん個展」をしようと思いました。

が、予想に反して応募者はさっぱり集まりません。届くのは「まんこのデータちょうだい。ゲヘゲヘ」といったエロ目的の下卑《げび》たメッセージばかり。

中には「まんこの形の目玉焼きを作れるまんこフライパン」といった楽しいアイデアを出してくれた人もいましたが、この企画はパッとしないままポシャりました。

そんな時、友達のペニ手芸アーティストの増田ぴろよさんを介して新宿眼科画廊というアートギャラリーのオーナー・田中ちえこさんにお会いしました。

ぴろよさんはちんこをモチーフにしたオリジナルテキスタイルで手芸作品を作るアーティスト。

3人で話していたら
「ちんこのぴろよさんと、まんこのろくでなし子で展示会をしましょうよ」

ということになりました。

わたしはデジまんコンテストでできなかったことをこの展示会でやってやろうと決めました。

26　まんこと遊ぼう！　よいこの科学まん個展

2014年5月9日。わたしは新宿眼科画廊にて初めての個展を開催しました（2012年にヴァニラマニアでデコまん展をしましたが、バーという場所で夜間のみの営業でしたので、きちんとしたギャラリーでの個展ははじめてです）。

コンセプトは「子供でも遊んで学べる科学博物館のようなまんこのテーマパーク」。

わたしはそれまでの、大人のための卑猥でいやらしい昭和のエロス的表現しかされてこなかったまんこがイヤでたまりませんでした。

だから子供でも楽しめて、明るくPOPでITを駆使したハイテクノロ自慰〜！　なまんこの展示にしたかったのです。

会場は公務員ががんばって作った子供向けパビリオンをイメージし、説明文にもひらがなを多用しました。

子供にも親しみやすくするため、わたしはまんこちゃんというゆるキャラを考えました。まんこちゃんをアシスタントするお兄さんは、ノッポさんならぬチンポさん。子供の頃親しんだNHKの「できるかな」のイメージで、まんこちゃんとチンポさんがまんこの歴史を解説するパネルを作り、会場で展示しました。

日本におけるまんこ観がなぜこのようになってしまったのか。わたしはずっとみんなに問いかけたいことでした。歴史をひもとくと、むしろ日本人はまんこにおおらかだったのです。

日本神話の『古事記』には、天岩戸《あまのいわど》の話がでてきます。太陽の神様であるアマテラスオオミカミ（天照大神）は、弟のスサノオの乱暴に腹をたてました。スサノオがアマテラスオオミカミの機織《はたお》り小屋の屋根に穴を開け、皮をはいだ馬を落としたことで、びっくりして機織り用のクシがまんこに突き刺さった機織り天女が死んでしまったのです。怒ったアマテラスオオミカミは岩戸を閉じてしまい、地上は真っ暗になりました。太陽が射さないとみんな死んでしまいます。なんとかしようと八百マンの神々（やおろずのかみがみ）が差し向けたのがアメノウズメという天女。アメノウズメは岩戸の前で服をぬぎ、裸で踊りだしました、それこそまんこをおっぴろげて。その裸踊りがおもしろくて大笑いした神々の声に不思議に思ったアマテラスオオミカミが岩戸を開け、地上にまた光が戻ったのです。つまり日本という国が存続しているのはアメノウズメの面白いまんこ踊りのお陰とも言えます。日本ははじめからまんこまみれだったのです。

古来、まんこは大切にされ、お姫様のお名前にも「まんこ」が使われていました。

「ホトタタライススキヒメ（富登多多良伊須須岐比売）」

ホトとはまんこを表します（このお姫様のお名前は、ありがたいまんこに失礼だからという理由で後に「ヒメタタライスズヒメ（媛蹈鞴五十鈴媛命）」に変えられました）。

これほどまでにまんこにおおらかだった日本が、なぜまんこを無視したり蔑《さげす》むようになったのか？

それは明治維新の時、西洋のキリスト教文化が輸入されてからなのですが、そういった話をまんこちゃんとチンポさんのイラストを描いたラミネートパネルでわかりやすく解説しました。

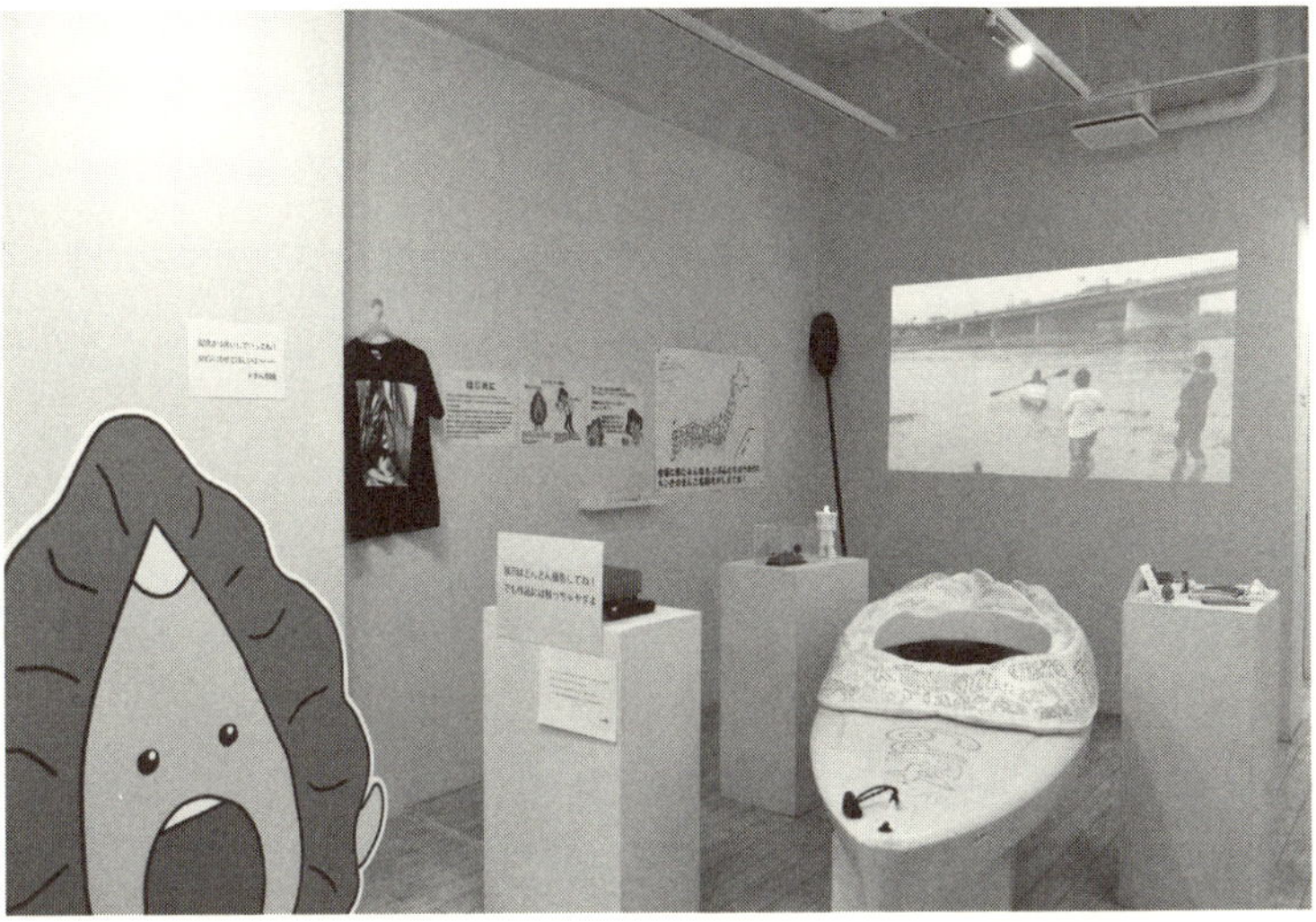

まん中にあるのがマンボート。

「ぼくのふるさとの山形県では
「あぺちょ」「べっちょ」っていうんだよ。」
「語尾にまんこがつくんだね！
おもしろいね！」
「北海道では「だんべ」、
沖縄では「ほーみー」、
全国にはさまざまな
まんこ名称があるんだ！」

新宿眼科画廊＝提供

展示する作品も、かつてのように手取りのデコまんのようなアナログ作品ではなく、３Ｄデータを利用したものにしました。

「iPhoneが入らないiPhoneカバー」（作ってみたらiPhoneが入らなかったので）、「携帯まんグカップ（マグカップ）の飲み口部分」、「機動戦士ガンダまん」、３Ｄで作った「フクシまん」、データを二次元に加工し直した「ポリゴンまんこTシャツ」、まんこのアプリゲームetc……。

「フクシまん」は３Ｄデータで作った素まんの上に、福島第一原発のイメージを再現したジオラまんです。２０１１年の原発事故は日本人が忘れてはならない重大な事故です。二度とこのような悲しい事故が起きないよう、わたしたちは過ちを学び深化して考えて行かねばならないのに、世間では「原発＝不謹慎」として怯え、この話をなかなか取り上げようとしません。目の前で現実に起きている出来事を隠して直視しようとしない姿勢は、あたかもまんこから生まれて来ているのにまんこを無視するのと同じように愚かな行為だとわたしは思います。

まんこのアプリゲームは3種類作りました。そのうちの一つである「しり」は、iPhoneに搭載されているアプリ「Siri」を皮肉ったものでした。

Siriとは、音声に反応し、その言葉についてインターネットを使って調べてくれるアプリです。

まんこアプリゲーム

iPhoneのアプリ「Siri」に
「まんこ」と言っても
「そんな言葉は知りません」
「やめて下さい」等とすっとぼけ
られるのにムカついて作った、
「まんこ」にしか反応しないアプリ

『**レリ**』

おいしいちんこを食べて
HP(体力)を上げ、
読書をさせてEXP(経験
値)を高めると、どんどん
成長してゆくまんこの
飼育アプリゲーム

『**まんぺちゃん**』

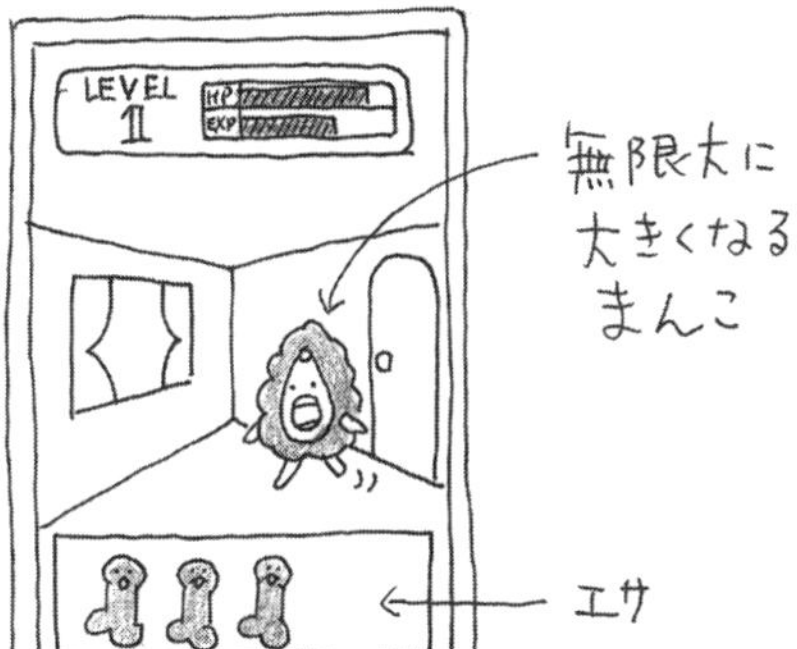

6d745. 2015

たとえばSiriに「今日の天気は？」と質問すると、その地域の天気予報を調べてくれます。ところが、Siriに「まんこ」と言うと、

「そんな言葉は知りません」

「わたしには理解できません」

「やめてください。質問を変えないと怒りますよ」

などとすっとぼけるのです。Siriの声は女性なのに、知らないなんておかしな話。そこでわたしは「まんこ」にしか反応しないアプリ「しり」を作りました。「しり」は「まんこ」にしか反応しないので、別の言葉を話しかけてもしーんとしています。

他にもちんこを食べて育つまんこちゃんの飼育ゲーム「まんぺちゃん」も作りました。ちんこを食べ読書をするとＨＰが高まり、まんこがどんどん成長してゆきます。成長といっても無限にでかくなるだけですが、画面からはみだすくらい大きくなるまでゲームを遊んでくれる人もたくさんいました。

これらまんこのアプリゲームは会場に来た人がまんコインを使って自由に遊べるようにしました。それまでの美術展といえば、ただ絵や彫刻を飾っておしまいなところが多くて退屈でしたので、会場に来た人たちにも参加してもらえる展示にしたかったのです。

参加型といえば、会場に来た人が〝ご当地まんこ名称〟を書き込める大きな白地図も作りました。全国各地には様々なまんこ名称があります。

北海道は「だんべ」、東北は「べっちょ」「あぺちょ」、静岡では「つんび」、関西では「おめこ」、九州では「ぼぼ」「ちょんちょん」、沖縄では「ほーみー」etc……。

最初は真っ白だった白地図が、書き込みしてくれたお客さんによって名称があふれていきます。日本列島の地図でしたが、ドイツ（ムシ）やアメリカ（カント）やスペイン（コニョ）やフランス（シャ）などのまんこ名称も書き連ねられました。こんなふうにみんなで作りあげていくのも参加型アートの醍醐味ではないかと思います。


そして会場のメインを占めたのは、やはり2013年に制作したマンボート。全長3メートルもあるこのボートは、ずっと大きな作品を作りたかったわたしの自信作です。

このボートを作った記念に、10センチ位のミニチュアサイズのマンボートも会場で販売しました。1個1300円のミニチュアマンボートには、おまけとしてまんこの3Dデータが入ったCDを付けました。デジまんコンテストでは叶わなかったまんこのデータで面白い作品を作ってほしいというわたしの願いをそこに託しました。

しかし、このデータが「ワイセツ」だとして後にわたしが警察に捕まるきっかけとなったのでした。

個展開始から2日後の土曜日は、初の個展を祝してオープニングパーティを催しました。たまん川（多摩川）でもふるまったまん汁（豚汁）を、ここでも一杯100円で振る舞いました。会場の玄関で鍋をぐつぐつ煮ていたら「まん汁?!　なにそれウケるｗｗｗ」という感じで見知らぬ人たちがワラワラと集まってきました。

しかも展示しているのはまんこですからそりゃもう大騒ぎです。ちいさなギャラリースペースは人であふれ、わたしは必死でまん汁を振る舞いながら、この個展に人々が楽しそうに反応している手応えを感じていました。

後にこのオープニングパーティに刑事のKくんも来ていたと知ったときはちょっと笑ってしまいました。ていうか、あんたもまん汁パーティーを楽しんだくせに、なんで逮捕するんだよ?!

第5章　まんこは誰のものですか？

1　「まんこ」にこだわる理由

わたしがことあるごとに「まんこ」という言葉を使うので、「なぜそんなにまんこにこだわるの？」とよく聞かれます。わたしは逆に問いたいです。

「まんこ」にこだわっているのはどっちだよ？

ろくでなし子の名前にした当初、漫画の中ではまんこのことを「ＭＫ」と書いていました。ちんこまんこ音頭を子守唄代わりに育ったわたしは人前でも平気で「まんこ」と口にしますが、喫茶店などで話していると周りの客からジロジロ見られます。わたしと一緒にいる相手を恥ずかしがらせるのが申しわけないので、他に言い回しはないかと考え、「ＭＫ」というイニシャルで呼ぶことにしたのです。これなら道のマン中で大声で話していても、わたしたちの会話に足を止める人はいません。雑誌でも「まんこ」という文字は伏せ字にされますが、「ＭＫ」なら載せられます。

しかし、まんこアートを本格的にやるにつれ、なぜ言い直さなくてはいけないのかと疑問を感じだしました。

そもそも「まんこ」という言葉が駄目なルールの方がなんかおかしくね？

そう思い、改めて「まんこ」という言葉を使うことに決めました。


たかが3文字のこの言葉を、誰かが口にすれば顔をしかめ、雑誌やネットの記事に使う時は必ず黒丸伏せ字にし、テレビやラジオでは絶対に言うな！　とみんな必死になります。

「まんこは放送禁止用語だからだ！」と言う人はいるでしょう。

実際は放送禁止用語なるものは法律には存在せず、刑法で罰せられることはありません。メディア側の自主規制が過剰なだけ。

真相は「苦情が来たら面倒くさいから」。

何が正しくて悪いことなのかを考えず、うかつに口にしたら不幸になる悪魔の呪文のように怯えるだけ。『ハリー・ポッター』のヴォルデモートか。これがメディアのお粗末な実態です。

わたしは「まんこにこだわる人たち」がいなくなれば、呼び方など「ＭＫ」でも「女性器」でも「ヴァギナ」でもどうでもいいんです。

逆にそこまでまんこに「こだわってない」からまんこと言えるのです。

2　まんこは誰のものなのか？

銀座で催した「デコまん展」でもそうでしたが、わたしのまんこアートに怒るおじさんたちほど、まんこをまるで自分の物のように思っていてビックリします。なんでわたしの体のことを他人にとやかく言われないといけないの？

逮捕された時、取り調べで刑事に「まんこはわたしにとっては手足と一緒」と言ったことがニュースにもされましたが、医学的にも当たり前の事実がわざわざニュースになるほどこの国では受け入れられていないことに唖然としました。

それはやはり、女性の体は男性が愛でる物だという男尊女卑の考え方が無意識に根強くしみついているからでしょう。

女性がセクハラを受けても、それに対して文句を言うと、セクハラをした方が逆切れし、「男の冗談を笑って流さない女はダメだ」とさらに貶《おとし》められることはとても多い。

こんな男中心社会で女が生きていくには、「面倒くさいから考えない」ようにし、「受け流す」しかありませんでした。でもそうやって受け流してきたからこそ、おかしなことが気づかれないままになり、イヤなことを女にしかけてくる下劣な人は絶えません。

この悪循環をわたしは断ち切りたい。

だからわたしに対して投げられる石つぶてには傷だらけになっても愚直に刃向かってきました。まんこアートもその一環。それはとても孤独な闘いで、人に嫌われて損なことばかりですが、おかしいと思うことは絶対にまげたくないのです。

まんこはわたしの物だと言うと、「誰にでも見せていいとは限らないだろう！　見たくない人に見せるな！」と怒る人もいますが、この意見にも反論させてください。

わたしは自分のまんこをどう表現しようとわたしの自由だと思っていますが、だからといって「まんこを見せまくりたい」という主張は、一切、していません。

一部の人たちはわたしがまんこをバラ撒きたい人のように勘違いしていますが、わたしはわたしの作品を自分のＷＥＢサイトや展示会場など特定の場所でしか展示していません。

むしろ、「まんこ見せて～」と言ってくる気持ち悪い人にはわたしの作品を鑑賞してほしくない。わたしにもまんこを見せる人を選ぶ権利はあります。

わたしの作品を観たくない人は、わたしの展示会に来なければ良いのと、わたしの名前を検索しなければ済むことです。たったこれだけのことなのに、なんでわざわざ怒りにやって来るのかわたしはとても不思議です。

3　アートは常識をひっくりかえすもの

前章でも述べましたが、アートというものを「美術館に飾られてうやうやしく鑑賞する美しい絵画や彫刻」と思っている人には、わたしの作品は陳腐でガサツでみっともない物としか映らないでしょう。技術的にも劣ります。不快に思われても当たり前。

でも、わたしは逆に、そういう美しくてかっこいいだけの「お芸術」こそ、くそくらえ！　と思います。

だって、面白くないんだもの。

「オシャレで美しいものを観たなぁ」と思うだけで、わたしの価値観はまったく脅かされず、2秒もしないうちに忘れてしまう。

「泣ける映画」もそう。恋人が不治の病で死ぬ映画にハラハラと涙した30分後にはすっかり忘れてレストランで今日のオススメ料理に舌鼓を打っている。簡単に感動できるものほど心に残らないのです。

ところが、わたしの作品を毛嫌いする人は、Twitterなどでいつまでもしつこくわたしを責めてきます。そんなにいやならわたしを無視すればいいのに。無視できないくらい心に何かが突き刺さったから、憎しみという情熱をわたしに向け続けられるのです。

わたしが敬愛する岡本太郎さんの絵を初めて観た時は、はっきり言って全然「美しくない」し、原色ばかりで目がチカチカするし、なんとも言えない気分になりました。部屋に飾ったらちっとも落ち着かないだろうなぁ。しかし、何度もその絵を観に通いたくなる不思議な引力を感じました。

わたしにとって、アートとは「それまでの常識を覆す装置」です。美しくなくても、心地よくなくても良い。醜くても心に突き刺さり、生きる希望や楽しみを投げかけるものこそ本物。わたしはなぜ太郎さんの絵を観てモヤモヤしたのかを考えることで、自分の中の常識や思い込みに気づくことができました。

「常識を覆す装置」は美術館の中だけにあるものではありません。

芸術家でなくても、誰でも日々「アート」しています。

みんなそれに気づいていない。「アート」とは何か小難しいもので、美術館でありがたがって拝むお芸術で、ナントカ芸術大学に通ったナントカ氏の作る権威的な美術作品しか「アート」と呼んではいけないと思い込んでいる。

そもそも、アートは無駄なもの。クソの役にも立ちません。ですが、アートは人生に彩りを与えてくれます。それがなくても生きていけるけど、なければちょっと寂しい。そういう物がアートだとわたしは思います。

ところで、わたしの名前の「ろくでなし」を辞書で調べると、「何の役にも立たない者」という意味です。アートをする者の名前として、我ながらとてもふさわしいと思っています。

4　アートをする方だって「受け取りたい」

学生の時に女子相撲をしていたという、東京藝術大学でのシンポジウムを企画した、アート・アクティヴィズムを研究している狩野愛さんから、わたしの作品の感想を聞いてはっとしたことがあります。

彼女はこう言っていました。

「相撲は〝太った男がやるもの〟というイメージだけど、体重別のアマチュア試合、国際試合もあるんです。わたしは学生時代にスポーツとして楽しんでました。Ｔシャツ着て、スパッツはいて、上からまわしを着けて、週3日で男子部員と稽古して、国公立の試合では2年連続2位。

でも、新相撲（女子相撲）をガチでやっていたというより、ファッションとしてやっていました。わたしは〝女〟とか〝男〟とかいうカテゴリーにそもそも懐疑的。女子大生っぽい人が相撲をやることで、相撲のイメージを壊したかった。それで案外一緒にやる人も出て来るかなと思ってたけれど、なかなか理解されなかった。

だから、ろくでなし子さんの活動を知った時、自分が相撲に思っていた時のように、皆が当たり前に思っていることがいかにそうでないかを、あの手この手で表現していて興奮したんです！」

「相撲」と「まんこ」という、一見まったく関係ない物が、こんなふうに１人の人間の考えを通してつながることにわたしはビックリしました。今まで論じられてきたどんな批評家の言葉よりも面白いと感じました。

アートとは、誰かの価値観を刺激するものだと前項で述べましたが、作り手から受け手への一方通行だけでなく、作り手だって受け取りたいし面白がりたいんです。

わたしの作品を観て「ワイセツだ」「いやワイセツじゃない」とか、「これはアートだ」「いや、アートじゃない」とかいう表層的な批判はもう聞き飽きました。

そんなことより、これを観たあなた自身がどんなふうに共鳴するのかをわたしは聞きたいよ。まんこを相撲とつなげた人のように、鉄道や仏像やプロレスやジャニーズetc……意外だけどそういう自分の思い入れのあるカルチャーとつなげる人が、もっともっとでてきてほしい。

作り手と受け手の価値観のフィードバック。それこそがアートの醍醐味ではないかと思います。

5　家族の理解

わたしは常に「おじさんたち」と闘ってきましたが、それは頭の固い一部のおじさんたちのことを示します。もちろん、年齢に関係なくわたしに理解を示してくれる人はいます。わたしの父がそうです。

今年70歳になる父は、いわゆる団塊の世代。高度経済成長期に高卒で会社員になり、家庭を持ち、モーレツに働き、定年退職した、ごく普通のおじさんです。ジェンダーやフェミニズムなんて難しすぎてチンプンカンプン。娘の前でちんこまんこ音頭を踊る、どちらかといえばバカな人の部類……。

ですが、わたしはお父さんを尊敬しています。団塊の世代のおじさんたちにはミソジニー（女性嫌悪）が多いですが、お父さんはイヤな顔ひとつせず家事をしますし、近所のおばさんたちとも仲良し。「誰が稼いでると思ってるんだ！」と家の中でふんぞり返ることなど一度もありません（逆に気の強い母の方がふんぞり返っていてかわいそうでした）。

フェミニズムを勉強しなくても、ナチュラルに平等な人はいるのです。

小さい頃は、よそのお父さんと比べると威厳のない父が情けないと思っていましたが、それはわたしが「家族とはこういうもの」という思い込みに縛られていたから。

いざという時、お父さんはいつもわたしの進路はわたしの判断に任せ、そしてわたしのことを必ず応援してくれました。

とはいえ、まんこのアートを本格的にするようになった時はさすがに迷いました。親に言ったら悲しむのでは？

しかし、これがわたしの進む道。理解はされなくても事実は受け入れてもらうしかありません。

絶縁も覚悟で単行本『デコまん』を実家に送り、怖くてしばらく連絡を断ちました。その後、わたしが週刊誌に載っているのを見つけた父からメールが届きました。

「おまえが載ってるから買ってきたよ〜。相変わらずアホだねぇ（笑）」

我が娘がまんこのアートをしているというのに、なんとのんきなメール。わたしは拍子ぬけしました。

そしてわたしが逮捕された時、わたしの名前が新聞に載っているのを見つけた父はさすがに大慌てでしたが、弁護士の先生と話したら落ち着きを取り戻し、「お父さんとお母さんはおまえの味方だ。おまえはたいしたもんだよ」と言ってくれました。逮捕された娘を褒めるなんて逆に大丈夫かな？　とわたしが心配になるぐらい。

それにしても、田舎に住む両親にイヤな噂を立てる人たちも多いはずなのに、世間体など気にしない父と母を改めて尊敬しました。

毒親ブームの今、珍しいくらいわたしは家族に恵まれています。世の中の全てが敵となっても、わたしの家族だけはわたしの味方でい続けてくれる。そのことは、いくらしてもし尽くせないほど感謝しています。

6　フェミニストor似非《えせ》フェミニスト⁇

逮捕前から、わたしは「フェミ」とか「似非フェミ」とか呼ばれ続けています。

わたし自身、自分を「フェミニスト」と名乗ったことは一度もないのに不思議です。

それはわたしが常にまんこに理解のないおじさんたちと闘ってきたというのもありますが、デコまんワークショップの時からフェミニストのKさんの経営する女性向けアダルトショップで働かせてもらっていたことも多少影響していると思います（今はアルバイトを辞めたのと、裁判所からKさんとの接触禁止令が出てしまったため、Kさんについて詳しく言及するのはここでは差し控えます）。

わたしはアルバイトをきっかけに、Kさんのご著書を読み、「フェミニズム」という思想が70年代からあったのを知りました。

「フェミニスト」というと、かつて「TVタックル」という番組で田嶋陽子先生が男性タレントとやりあっているシーンをさんざん観たため「いつもガミガミ怒っているおばさん」というイメージしかありませんでした。

しかし、実際にフェミニズムの思想を知った時、その認識がとても間違っていたことに気づきました。フェミニズムとは、男性も女性も性別に関係なく対等だよ、と唱える素晴らしい思想でした。ちょうどまんこアートを始めた頃のわたしはとても勇気づけられました。

田嶋陽子先生が実際にはあんなに怒りっぽい人などではないという事実も知りました。そして、本来フェミニストの方々は、みな立派な人ばかりということも。かつてはもっとひどかった女性の社会的地位が向上したのも、当時のフェミニストたちが頑張ってくれたお陰。なのに、テレビはわざと田嶋先生を煽り、先生が怒っているシーンばかりを放送し、みんなが勘違いするようになってしまった。

テレビにより間違ったイメージにされた「フェミニスト」。それはまるで、わたしの体の一部なのに、卑猥なイメージを勝手に与えられてしまった「まんこ」と一緒……。

ですから、わたしのことを嫌いな人が「ろくでなし子はフェミニストだからクソ」という言い方で攻撃してくることがよくあるのですが、それこそいろんな意味で、「落ち着けー」と言いたい。

まず、そういう人のフェミニスト観が間違っているのです。

一方で、わたしのことを「似非フェミニスト！」と罵る人たちもいます。

もう一度言いますが、わたしは自分のプロフィールにもフェミニストと書いたことはありません。そもそも名乗っていないのに偽物呼ばわりされる謎。

わたしはフェミニズムの思想に励まされましたが、その思想を知らなくてもまんこアートはしていたし、すでに誰かが唱えた思想のためには活動していません。自分が作りたいからまんこアートを作っている。だから、フェミニストと名乗ることには抵抗を感じるのです。

わたしはいつも不思議です。フェミニストであるとか、フェミニストでないとか、どうしてみんな他人をカテゴライズしたがるの？

女性ならまんこを持っていることは共通するけれど、考え方は人それぞれ。

フェミニズムとは、性別や性嗜好や肌の色を超え、いろんな人がいて当たり前で、みんな対等だよ、という思想のはずなのに、一つの枠にあてはめたがり、そこにはまらない人を排除するのはなんだかとてもヘン。

わたしはフェミであるとかないとか以前に、まんこアーティストのろくでなし子だよー！　と言いたいです。

7　表現規制について

一部のフェミニストが児童ポルノ表現に抗議しているので（そもそもフェミニストには表現規制に反対の人もいるのに）、「ろくでなし子はフェミニストだから児童ポルノに抗議している」と二重に勘違いされることも多くて困惑します。

はっきり言っておきます。わたしこそ表現の自由を誰よりも強く願っているよ！

なのに、アーティストの会田誠氏の表現を憎悪するフェミニストもいるため、「ろくでなし子もその一派だ」と勘違いする人もいる。なんだかこの世は短絡的な人ばかり……。

わたしは２０１４年に森美術館で開催された会田誠展にも行きましたが、問題となった作品以外の展示はとても面白かった。わたしはあの展覧会を純粋に楽しみ、図録も買いました。

問題となったあの作品は、確かに女性のわたしからすれば観ていて良い気持ちはしませんでしたが、あれは実際にそこに手足を切断された女性がいるわけではなく、会田誠氏の脳内世界の作品です。観たくない人には観なくて済むよう説明を付けた部屋に分け、ゾーニングもされていました。

「あれを観て傷つく人の気持ちがわからないのか！」と抗議する人もいますけれど、逆ではないでしょうか。

むしろあらゆる表現には人を傷つける要素が必ず潜んでいるのです。

たとえば、Twitterで「今日はいい天気だなぁ」とつぶやいただけで、「こっちは台風で大変なんだよ！」「豪雪地帯の人の気持ちを考えろ！」と返される。たかが天気の話ですらこれです。

わたしの作品なんぞ、「不快だ！」「キモイ！」「汚い！」と罵られる場合がほとんど。

そういう誰かの快／不快を基準に表現を制限されてしまったら、それこそ何も表現できなくなってしまいます。わたしにとっては表現のレイプです。

また、わたしを応援してくれる人の中には「ろくでなし子の作品よりもっとひどい表現がある！　そっちを取り締まれ！」と言う人もいます。たしかにこの日本ではコンビニに入れば女性をレイプする屈辱的でひどいポルノが気軽に置いてありますし、ネットにもさんざんあふれています。わたしもできればそんなもの見たくありませんし、性的興奮をあおるセックス描写は性器を見せなければOKというダブルスタンダードはとてもおかしいと思う。

ですが、「こっちの表現はOKで、あっちの表現は駄目」という比較論にしてしまうのはおかしい。他の性表現を取り締まれ！　となっては、表現の自由に反するからです。

自分の主張を正当化するために他の作品を貶《おとし》めたり低く見たりするのは表現でもなんでもない、ただの下衆《げす》です。わたしは裁判でも自分の表現だけで闘いたい。

ただし、実際に幼児に性的いたずらをしたり、女優さんの同意なしに録られたアダルト動画などの、「被害者が実在するポルノ」の場合は表現ではなく「犯罪」ですし、在日韓国人・朝鮮人差別を主張する過激なデモも、表現ではなく差別だとわたしは思っていることを付け加えておきます。

8　「ろくでなし子」であり続ける理由

いつもよく言われます。なぜ「ろくでなし子」なんて名前にしたの？

答えは、「その場の思いつき」。

ここまで読んでくださった方には明らかなように、わたしは人生の全てを「思いつき」や「ノリ」だけで生きてきました。

漫画家になったのも、賞金がほしかったから。まんこの整形手術をしたのも、珍しくて漫画のネタになると思ったから。

後先など考えず、計画を立てることもなく、ついついここまで来てしまいました。40歳も過ぎてとても情けないことです。おまけにペンネームは「ろくでなし子」、説得力ありすぎです。

ただ、「その名前だと損をするよ、変えたら？」と助言する人もいますが、わたしは変える気はありません。


確かに、裁判で無罪を訴えるにはとても不利なペンネームです。警察がわたしを捕まえた時も、このペンネームなら世間に駄目な奴と認識させやすいと思ったことでしょう。

わたしはこの活動は信念を持ってやってきました。だからむしろ「ろくでもある」と自負しています。

ただ、わたしは常に、「本気になりすぎない」で「ふざけていよう」と心がけています。

人は何かに本気になりすぎるとろくなことがありません。

浅間山荘事件やオウム事件で証明済みです。あの人たちは最初は「良いこと」をしようとする「善良な人たち」であったはずなのに、狭い世界に閉じこもり、本気で思想や宗教を信じすぎてしまったため、客観性をなくし、リンチ事件や大量殺人など最悪な事件を犯してしまった。あの場で「ふざける空気」が許されていたら、もしもちんこまんこ音頭を踊るようなバカな人がいたら、そこまで悲惨なことにはならなかったとわたしは思います。

だいたい、本気で何かに打ち込みすぎたら苦痛や悲壮感ばかりでつまらない。楽しくなければわたしには意味がない。

こんなに真剣にやっていることが「まんこ」であり、「ろくでなし子」だと思うと、我ながら思わずプッと吹き出してしまいます。そういう客観的な目線はずっと持っていたい。


これから始まる裁判でも、法廷の神妙な空気の中、「被告人は、ろくでなし子こと〜」と呼ばれるのです。傍聴人も笑わずにいられないでしょう。巨大な国家権力と闘っているのが「ろくでなし子」、しかもテーマは「まんこ」……。どんなに真面目な裁判官や検事でも吹き出さずにいられない。これ以上の皮肉はあるでしょうか。

特に事件後は、わたしが警察のひどい仕打ちに屈しなかったことから、わたしを強い人だ！と英雄視する人まで出てきましたが、ちょっと待ってください。

わたしは「ただ逮捕されただけ」で何もしていません。闘いはこれからです。

うっかり勘違いしないためにもこの名前でい続けようと思います。

9　これからのまんこアートを考える

「あんな物、アートじゃない」「アートと言い張ればなんでも許されるのか！」

これもよく投げかけられる文句です。わたしの作品は何度も言いますが陳腐でどうしようもない代物です。そんなことはわかっていますが、よく聞いてください。

わたしの作品は、アートであるか否かの前に、そもそもまんこはワイセツではない、とわたしは主張しています。


よく、海外で商売したら？　と勧められます。わたしのアートをニコニコ受け入れてくれる国に住んだらわたしもずいぶん生きやすくなるはず。逮捕もされません。でも、怒りのムカ着火ファイヤーで笑えるものを作ってきたわたしの創作意欲は失せてしまうでしょう。

先にも述べましたが、アートとは常識を覆す装置です。だから、「まんこ」というだけで即「エロ」と決めつけるこの国の一部のおじさんたちが幅をきかせている限り、わたしの作品はアートであり続けるのです。

この日本にいたら、クソムカつくことばかりです。酒の席ではセクハラにあい、電車に乗れば気分が悪くなるような性的な中吊り広告を目にし、痴漢に尻を触られ、年をとればババアと呼ばれて邪魔者扱い。女性が生きづらい国ランキングでは〝先進国〟中では日本がダントツの最上位。本当に日々ムカつくけれど、わたしはお陰でやりたいことに困りません。

それにまんこのアートは今まであまり堂々と表現されてこなかったため、まだまだやれることがたくさんあります。わたしをマネしたいと思う女性もいないでしょうから、ライバルも現れません。これほどおいしいことはない。

２０１４年の目標は「まんこを世界に拡散する」でしたが、逮捕のお陰であっけなく叶いました。２０１５年の目標は、「まんこで起業する」にしました。

まんこの会社なんて聞いたことがないし、誰もやったことがないことほどワクワクします。会社名は「Man&Co.」。銀行などで名前を呼ばれるのを想像するだけで笑いがこみ上げます。サンリオピューロランドみたいなまんこちゃんテーマパークを作って、かわいいまんこを世界中にもっともっと拡散したい。「どうせ失敗するさ。現実を見つめろ！」なんて文句を言ったり説教する人がまた出て来そうだけど、そんなの気にしません。

少なくともこんなバカバカしい夢を口にしてもいけないようなつまらない社会は笑い飛ばし、常識を疑い、これからもムカ着火ファイヤーしながら自分の好きなようにわたしは生きてゆきたいです。

年譜

■１９７２年

S県に生まれる。運動も勉強も苦手でよくいじめられるが、いじめられることにも気づかないぐらい鈍かった。

■１９９０年

４月　某私立大学文学部哲学科に入学を機に上京。

■１９９４年

３月　某私立大学文学部哲学科を卒業。卒業後は近所の不動産屋でアルバイトをしながらデザインの専門学校に通うも、細かい機械の図面引きがいやで通わなくなる。お見合い合コン三昧の日々。

■１９９６年

年末頃　元彼のすすめで漫画の持ち込みをしはじめる。

■１９９８年

秋　講談社『Kiss』新人漫画賞にて、不動産屋でバイトするストーカーの女の子のラブコメディ漫画「不動産屋の山田さん」で佳作受賞。漫画家デビュー。以降、バイトを続けながら漫画を描く生活が続く。金玉を握ると未来を予知できる金玉占い師の漫画「ミヨコ、握りまーす！」などの下ネタコメディを不定期連載。

■２００２年

結婚。結婚したら、共働きでも女が家事をするのは当たり前で、飲みに行くと夫だけでなく周りからも「奥さんなのに出歩いて」と怒られることに疑問を感じ、自由にふるまう。この頃から載る漫画は下世話な体験もの漫画誌に移行してゆく。

■２０１０年

４月　ネットで見つけたまんこの「整形手術」が面白そうなので受け、それを漫画にする。以降、シモにまつわる体験漫画を描き続ける。

秋頃　体験漫画を某雑誌に不定期連載するようになる。結婚してから既婚者の方が浮気していることに気づくが、それを語ると特に女ばかりが怒られ、男の浮気は許されやすいのはおかしいと思い、浮気体験漫画を描く。結婚生活に不満を抱く主婦たちに支持されるかと思ったらまったく理解されず連載は不調。やっていることもひどいので、「ろくでなし子」というペンネームにする。

■2011年

3月11日 東日本大震災。

8月 ネタのためにまんこの型をとってみたが、ただ型にしただけではつまらなかったので、デコレーションし、それを「デコまん」と名づける。調子に乗ってジオラマを載せたジオラまんなども作りだす。この頃から漫画の仕事が激減し、アルバイトをしながらまんこのアートに専念するようになる。

10月 某ネットニュースサイトの取材を受け、ネット上でデコまんを紹介される。その日に2ちゃんねるでまとめができ、「これはひどい」「頭おかしい」「マジキチ乙」「まんこ臭そう」とののしられ、なぜまんこはこんなに叩かれるのかと疑問を抱く。「まんこ」と言ってはならないことにもおかしいと気づき、それまでは顔出しNGにしていたが、堂々と顔を出して活動するようになる。

冬 週刊誌やネットの記事にとりあげられることが多くなるにつれ、ラジコンで走るまんこや、手をかざすと水が吹き出すまんこなど、しょうもない作品が増えていく。

■2012年

2月 離婚。

6月 米国シアトルのエロティック・アートフェスティバルに作品正式出品。

9月 銀座ヴァニラマニアにてデコまん展開催。この期間に某男性週刊誌にとりあげられたことにより、狭い会場はおじさんであふれ返る。まんこを観に来ておきながら「けしからん!」と文句を言う一部のおじさんに怒りを覚え、ガチで作品を作りはじめる。デコまん展で「まんことは暗がりの中布団をめくってそっと見るものだ」と説教するおじさんにムカついてまんこがビカビカ光る照明器具「シャンデビラ」の制作開始。

12月 週刊誌『アサヒ芸能』の流行語大賞に「デコまん」

ノミネート。『アサヒ芸能』の袋とじ企画でＡＶ女優さんのまんこを型どりし、その後も不定期に女優さんのデコまんシリーズを作る。

■２０１３年

4月　銀座ヴァニラ画廊のヴァニラ大賞展にて「シャンデビラ」が一次選考通過し展示される。この会場にいたある美術評論家のおじさんにぼろくそに文句を言われて大きなまんこ作品を作りたいと思うようになる。やがてまんこを３Ｄデータ化しようと思いつき、資金調達のためCAMPFIREというクラウドファンドに応募。まんこのボートを作る計画をたてる。

6月　CAMPFIREにて「わたしの〝まん中〟を３Ｄスキャンして、世界初の夢のマンボートを作る計画に支援を！」キャンペーンスタート。開始1週間で目標金額50万円達成。

6月　イギリスの『ハフィントンポスト』紙に活動が取り上げられる。

9月　まんこの３Ｄスキャンデータを使った世界初のマンボートを制作（CAMPFIREでは最終的に１００マン円のボッ金が集まる）。このCAMPFIREキャンペーンのリターン（お礼）として、３０００円以上の支援者に3Ｄデータをプレゼントする条件にしたところ、「ワイセツデータを頒布した」とされ、後の逮捕の要因となる。

10月　たまん川（多摩川）にて世界初の3Ｄマンボート試乗。このイベントを機に、自分のやっていることはアートであると自信を持ちはじめる。

11月　オランダのメトロポリスＴＶに活動が取り上げられる。

12月　広島ホームテレビ「アグレッシブですけど、何か？」に出演。まんこ作品がモザイクなしで公共の電波に流れる快挙を果たす（放送は２０１４年3月）。

■２０１４年

1月　マンボート制作時の3Ｄデータをもとに、新しい作品はできないかと考え、「デジまんコンテスト」を公募。他人が考える楽しいまんこ作品を期待したが、面白いアイデアはあまり集まらずポシャる。一応「まんこ型の目玉焼きフライパン」など具体的なアイデアを出してくれた人のみにデータを送る。

4月 オランダのメトロポリスTVに2度目の出演。

5月 新宿眼科画廊にて、初の個展となる「まんことあそぼう！ よいこの科学まん個展」開催。2ちゃんねるにもまとめができ、2週間の会期中は大盛況。まんこちゃんソフビ人形などのグッズが飛ぶように売れる。ここでミニチュアマンボートのおまけに付けて販売した3Dデータも後の逮捕の要因となる。ちなみに刑事のKくんもこの個展に2回ほど遊びに来てたのしんでくれたらしい。

7月12日 「わいせつ電磁的記録記録媒体頒布」の疑いで逮捕。3Dデータをわいせつ物と認定する全国で初の事案となる。

7月15日 ろくでなし子の即時釈放を求める署名活動が立ち上がる。翌16日には1万5000人の署名が集まる。

7月15日 裁判官が準抗告を認め、釈放決定。

7月18日 釈放。ろくでなし子の即時釈放を求める署名は最終的に2万1000人以上の賛同が集まる。

7月24日 日本外国特派員協会にて会見。世界に「MANKO」を発信する快挙を果たす。

同日 米国NYの「ザ・デイリー・ショー」というニュース番組で、事件について「我が国アメリカはいろいろ問題をかかえているが、芸術家を自分の性器を3Dプリントした容疑で逮捕するよりマシだ」と取り上げられる。

9月 オランダのメトロポリステレビに3度目の出演。

10月5日 東京藝術大学シンポジウム「表現の規制と自由 ろくでなし子逮捕事件、そして、身体表現のポリティクス」に登壇。藝大のキャンパスでも「まんこ」を連呼する。

10月18日より『週刊金曜日』にて逮捕勾留漫画の短期集中連載開始。

11月 2014年東京デザイナーズウィーク内 TDWアートフェア前期準グランプリ受賞。受賞理由は「作品の質はどうでもいい、生き様がアーティストだ」。

12月3日 2度目の逮捕。

12月6日 接見禁止命令決定。準抗告申し立てる。

12月8日 接見禁止命令は取り消されるが、準抗告は棄却される。

12月15日 勾留延長への準抗告が棄却される。

12月17日 抗告が棄却される。

12月22日　勾留理由開示裁判（自分はなぜ勾留されねばならないのか、言い分や信条を法廷で主張できる裁判）。ろくでなし子のまんこ発言に対し、裁判官が「言い方を工夫しなさい」と制止する中、あきらめずに「まんこ」を2回言い続ける。

12月24日　「わいせつ物陳列」「わいせつ電磁的記録等送信頒布」「わいせつ電磁的記録記録媒体頒布」の3件の起訴決定。

12月26日　保釈申請が認められ、保釈金150万円で保釈される。

■2015年

1月14日　国際美術評論家連盟日本支部の有志が、逮捕、起訴についての抗議文を警視庁と東京地検に送付。同月19日、日本劇作家協会が、「ろくでなし子さんの逮捕、起訴に対する抗議声明」を発表、同月22日、日本演出者協会が賛同、2月19日、協同組合日本映画監督協会が賛同。

1月27日　江古田のギャラリー古藤にて催された「表現の不自由展」にてトークイベント出演。

1月　アメリカの『デイリービースト』誌にインタビュー記事掲載。

2月　フランスの『グラツィア』誌に作品紹介など掲載。

2月13日　フランスのテレビ局カナルプラス（canal +）の「ル・プチ・ジュルナル」というニュース番組でまんこちゃんが紹介される。

3月　アメリカの「アートネットニュース」にて、〝社会のタブーを打ち破る10人の女性アーティスト〟に選ばれる。

4月3日　『ワイセツって何ですか？――「自称芸術家」と呼ばれた私』（金曜日）刊行。

4月15日　東京地検にて初公判。検察側は「猥褻」とする証拠品を、木箱に入れて傍聴席から見えないように展示。裁判の公開原則から、傍聴人にも見えるようにすべきだと弁護人が異議を出したが、棄却された。

5月11日頃　第2回公判予定。

5月22日　本書刊行。

＊本書ご協力　須見健矢弁護士

私《わたし》の体《からだ》がワイセツ?!
女のそこだけなぜタブー

二〇一五年五月二〇日　初版第一刷発行

著　者　ろくでなし子《こ》
発行者　熊沢敏之
発行所　株式会社筑摩書房
東京都台東区蔵前二―五―三　〒一一一―八七五五
振替〇〇一六〇―八―四一二三
印　刷　三松堂印刷株式会社
製　本　三松堂印刷株式会社

ISBN978-4-480-81524-8　C0095

乱丁・落丁本の場合は、左記あてにご送付ください。
送料小社負担でお取り替えいたします。
ご注文・お問い合わせも左記へお願いいたします。
筑摩書房サービスセンター　電話番号〇四八―六五一―〇〇五三
さいたま市北区櫛引町二―六〇四　〒三三一―八五〇七

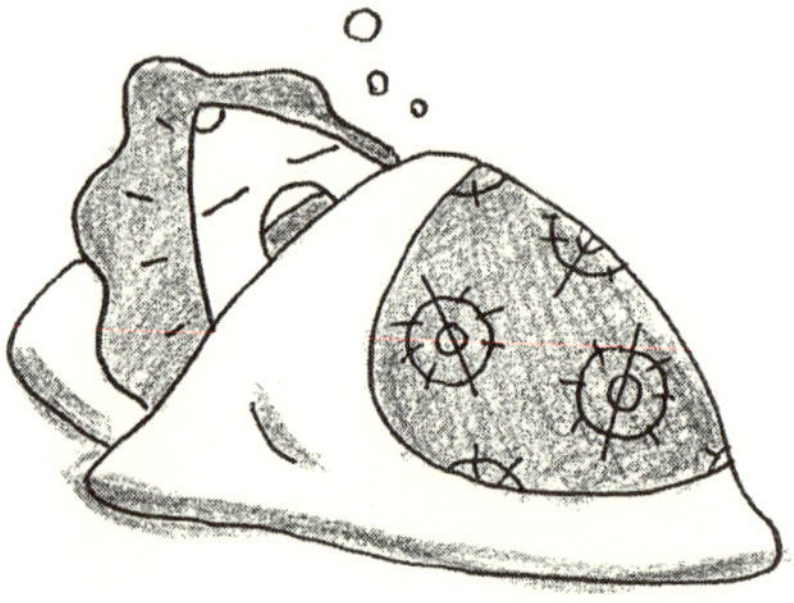